興大人物史料彙編（二）

蔡宗憲　編注

國立中興大學校史館　出版

序

　　興大創校至今已103年，貫串著三至四代人辛勤耕耘的果實，這段歷程，從《榕畔會史》、《興大七十年》、《興大實錄：國立中興大學九十週年校史（1919-2009）》、《國立中興大學前身——農專、高農時期發展沿革》，到《興大百年風華錄》，都是以較全面性的角度加以敘述，呈現學校發展的整體風貌。至於《惠風樂育　登上頂尖：湯惠蓀校長逝世四十週年紀念校史文物展專輯》、《飛躍的九年：羅雲平校長紀念專輯1972-1981》、《似水流年：劉道元校長紀念集1967-1972》這三本書，則屬於校史人物的紀念專集，藉以凸顯功績卓著的幾位校長。不過，一所大學的成長，畢竟是群策群力、眾志成城而來，對於誨人不倦、奮發有為的芸芸眾師生，也應給予適當的關注。

　　人物事蹟資料的來源有很多種，既有官方的文書檔案，也有生平著述或自傳，以及其親眷、同事、學生撰寫的回憶文字等，甚至是訃聞所附的生平事略。本校早期的教職員中，黃天久、賀主伯、許慈書三位先生，均曾撰述若干有關校史的文章，平時亦留心於保存校史文獻。其中，許慈書先生除了為學校撰寫了多幅對聯，還蒐集了數十位教職員的生平事略。透過他們的著述與保存的史料，興大發展的許多歷程，得以有清楚的輪廓，也有了具體的跡證。此外，《興大校友》期刊中，登載了許多感懷人物或人物專訪的文章，多年來也已累積不少人物事蹟資料，為未來校史人物傳記的編纂儲存了豐沛的能量。

　　目前，興大校史館新建工程正順利推動中，欣見在硬體建築之外，本校的校史著作也一直不斷推陳出新，繼百年校史專書、漫畫校史之後，又推出人物史料彙編。人物是學校發展的推手，也是校史的靈魂，理應受到重視。不過，受限於撰述的體裁，以往的焦點主要集中在校長。此次，藉由人物史料的彙編，使那些默默耕耘的先賢先進們，也能以傳記的姿態進入校史的視野。在豐富校史內涵的同時，也增添了人情的溫度。展望未來，興大將兼有煥然一新的校史館，及多采多姿的校史著作，誠可謂內外兼美，充實而有光輝，敬請拭目以待。

國立中興大學校長

薛富盛

目次
CONTENTS

興大人物
史料彙編

Historical
Figures of
NCHU:
A Compilation of
Biographical Data

(二)

引 言

　　《興大人物史料彙編（一）》出版後，獲得許多迴響與鼓勵，如：

「哇！怎麼可以找到這麼多人的傳記資料？」

「好像沒有湯惠蓀校長欸！」

「會不會也收某某人的傳記？」

「人物史料啊！那可以一直編下去。」

　　人物是校史的核心，也較能讓人有親切感，我們打算繼續編下去。

　　有了第一輯的經驗，對於彙編工作確實較為上手，似乎可以很平順地推展開來，不過，因為個別人物的資料繁簡程度不同，取捨上仍頗費思量。關於資料的編排與取捨，略述如下。

　　在個別人物資料的編排上，首先是他（她）的傳記短文，以概見一生的經歷，其來源除了訃聞所附的生平事略、行狀，本輯增加了自述、自傳，及後人綜述其一生的紀念文。其次，是來自親屬、門生或故舊的追憶文，與綜述一生的性質不同，此類通常只呈現某些面向，卻能凸顯傳主的特質。最後，若有公文書、剪報等資料，也酌予附上。

　　關於生平傳略，如上所述，有自述（自傳）、行狀（行誼）及生平綜述等不同類型，從史料的性質來說，前二者與傳主的關係較近，理應優先採用。不過，為了能在有限的篇幅內，呈現較多傳主與校史的訊息，若有生平綜述的文稿，有時也會捨彼取此。本輯中，湯惠蓀、貢穀紳兩位校長的資料即遇到這種情況。

　　湯惠蓀校長去世後，在訃聞內原有一篇行述，但未收入隔年出版的《湯惠蓀先生紀念集》中，書首放的是其夫人湯沈蕙英女士親撰的〈傳略〉，情感真摯動人。由於親屬與門生故舊的紀念文均已集中收錄於《湯惠蓀先生紀念集》，便於檢尋，且王慶光先生撰寫〈緬懷興大第二屆校長湯惠蓀先生〉時也多參引該書，因此，本輯便捨湯夫人寫的傳略，改取行述一文。

　　至於貢穀紳校長的資料，則是另一種情形。在《興大七十年》（1990）中，他親自撰寫了〈校慶憶往〉，歷述自己從渡海來台（1947）到校長卸任（1988）期間的種種，委曲詳盡，為一手史料，理應收錄。本輯卻捨此而取訪問稿：〈屬於我的興大歲月——專訪中興大學前校長貢穀紳〉（2012），這是為何？首先，〈校慶憶往〉與專訪之間，已相差22年，貢校長對於前塵往事，可能有些不同的感受，也會做一些補充。其次，專訪中有些內容參引了〈校慶憶往〉，且後者已收錄於校史專書《興大七十年》，查找方便，為避免重複之嫌，只好做出取捨。

　　此次收錄的人物只有16位，比第一輯的36位少很多，但全書的篇幅卻擴增了30頁。這意味著有些人物的資料明顯比較豐富，以李亮恭院長為例，除了基本的生平事略，由於他曾因被誣告貪瀆而辭職，見諸報章，為如實呈現事件經過，因此增加了一些公文書與剪報。此外，李崇道校長當年以健康因素為由突然辭職，引發各方猜測，意外引起一場風波，也有不少新聞報導。在傳統的校史書寫中，這類訊息往往隱晦不彰，如今事過境遷，讓它們隨著人物史料重新曝光，既有助於我們瞭解當年事件的始末，也更生動地刻劃了人物的真實面貌。

　　在史料彙編中，最能凸顯人物個性，且令人動容的其實是親屬、門生與故舊的追憶文，由於是校史的性質，我們會特別著墨在師生的這層關係上。第一輯中，有羅麗馨眷懷先師王天民、吳功顯感激李慶麐所長的培植之恩，本輯亦有詹純鑑為恩師李亮恭祝壽論文集作序、楊垣進生動再現魯實先大師當年上課的丰采。興大立校百餘年，師生情誼，如千絲萬縷，儘管編織不易，後續諸輯中，仍將勉力為之。

王禮卿（1909-1997）

王禮卿，中文系教授。

資料來源：《國立中興大學民國63年畢業紀念冊》

王禮卿教授事略　王令樾[1]

清宣統元年 05.06（農曆）— 民國 86.06.？

先生諱坊，字禮卿，以字行，山東省諸城縣人。宣統元年端陽次日生於浙江衢州，即今之浙江省衢縣。先生長於書宦人家，高祖諱文驤，嘉慶翰林，外用廣東開平知縣。曾祖諱祺海，以解元聯捷進士，由部曹仕至河南歸德府知府。祖父一代，兄弟同榜，且一門三代父子兄弟同為翰林，一時傳為佳話。伯祖父諱繩，任御史，此一脈系遂定居北京。祖父諱綽，字孝寬，號薇軒，以翰林歷任科道，外簡浙江金、衢、嚴道，管轄衢州府、嚴州府、金華府等三府十九縣。道台官署設於衢州府首縣西安縣，即今之衢縣。當時衢州府船民，稅捐過重，戴官吏豪戶侵凌，祖父為之平反，解救百姓痛苦，船戶始得以安定生活。因督理之時，審度公平，親民愛民。故告老還鄉時，船戶送萬民旗、萬民傘，數百人至江岸拜別，感謝大恩。晚年避世隱居，悠遊林泉。其品德學問、為官美譽，皆為鄉里所重。其教育子孫，即求延續此一善良家風。

王禮卿教授與畢業生合照，右側建築為中文系館。

資料來源：《王禮卿教授百年誕辰紀念文集》

先生父諱忠照，字季臨，優貢生，清亡不仕。教育上特重古學，不允三子入現代學校，尤不許出國深造，致先生未能具備現代學歷。先生與兄幼承祖訓，八歲入私塾。十五歲時，於經學史學已具基礎；古文詞賦，誦習亦多。以奕世科第，家富藏書，性又嗜讀，縱覽文圉，寢饋其中，樂而忘倦，如是者

第一屆中文系畢業照，前排左起第五位為王禮卿，第六位是李炳南。
資料來源：《省立中興大學民國58年畢業紀念冊》

五年！因此涉獵頗富，於國學探得門徑。讀書之餘，喜為吟詠。與兄正卿，互相唱和，積久成帙，習因流離，少作不復存稿。先生自啓蒙後，隨祖父習字，先學王體，再學館閣體。先生著述為文，一向散駢兼行，以為先秦文章散駢不分，奇偶相生，剛柔互濟，是為文章正宗，故無偏廢。又先生甚好韻文，詩賦最為擅長。平日觸景生情、記事抒感，時有詩作。後任公職、教職之際，多代友撰詩文，頗受倚重。

後全家遷居青島，定省之外，無冗事相擾，得埋首於圖書館，潛心自修。想學術日新，抱殘必狹隘，要由博而返約，應博覽而貫通；不欲以文學自囿，而為空疏咕畢之學；乃肆力於歷史、地理、政治、經濟、法律諸科，期為經世之用。一九三四年通過高等檢定考試，取得與大學畢業之同等資格，准應高等考試。期間生計困窘，又遭母喪，遂就業以承擔家計。一九三六年通過第四屆全國高考普通行政科，名列第四，分發山東省政府工作。後遷臺灣，一介清流，專注學術，改任教職三十餘年。前執教於台南佳里農校、台南工學院附設工職、台南女中、善化中學，為少年學子傳道解惑。後任教於成功大學中文系、中興大學中文系，並於靜宜大學，東海大學各中文系、所兼任課程。

中文系老師合影，左起弓英德、王禮卿
、李炳南、李滌生。

資料來源：《省立中興大學民國 60 年畢業紀念冊》

　　初抵臺灣，即皈依南亭法師，法名本淨。早年專注禪宗，晚期兼修
淨土，並因雪公炳南先生邀請，於臺中佛教蓮社內典研究班授課，講解
古文，以增進內典班研究者讀譯佛經之能力。因此與蓮社結緣，多所往
來，學生甚為親近問學。退休之後，各方學生陸續請求講學，時方寫畢
《文心雕龍通解》，即於住所，擇其重要篇章講解之，房舍雖小，聽者
眾多；講者樂在其中，聽者感之銘心，春夏荏苒，時序更替，一講數
年，純為興趣及培植後輩。先生為人處事，但求盡責，從不為己。講
學、指導，絕不言報酬，從未有功利之心。如是淡泊一生，務求高風亮
節。

　　平日授課，謹嚴詳細，每批改學生習作，由字句至段落結構、意
義、習氣，皆以硃筆親批細改。先生督責學生甚嚴，蓋以為青年求學，
以勤為貴，學生怠忽學習，乃為師之過也。又歷年所授課程，計有詩
經、歷代文選及習作、國學概要、文心雕龍、詩選等。授課之餘，終日

矻矻於著述。早年於香港《人生雜誌》、台灣《孔孟月刊》、《孔孟學報》、《中國國學》、《興大學報》投稿，前有數文有關庾子山賦之解析，後有〈仁內義外說斠詮〉、〈毛詩比興釋例〉、〈文選善注釋例〉、〈漫談「昭明文選譯注」文選序〉，另有多篇《詩經》篇章詮釋。此些單篇論文，部分收入後期所著書籍中。一九六○年代，首先成《文賦課徵》一書（未付梓）。一九七○年以降，完成《歷代文約選詳評》、《遺山論詩詮證》、《文心雕龍通解》、《四家詩恉會歸》、《唐賢三體詩法詮評》諸書，每書寫成時間皆久，且必潤稿再三。

先生日常向以讀書、教書、著述為主，十分規律。晚年退休，治學更形專一，每日清晨即起，八點入書房撰述，一坐三小時半，中午小憩，後必再至書房寫作三小時，方結束一日工作。惟著述五百萬餘言，皆以文言寫之，不以白話取代。蓋因中國學術博大精深，苟以口語為之，要眇處難傳，且所費筆墨易成冗長大篇。文言精煉且可深微，惜失之高古，難以普及。先生擇善固執，願藏之書閣，以待知音。

先生年十九，娶妻丁氏汝訒，明末遺老丁野鶴為其八世祖。野鶴先生本名不詳，此其自號。由直隸海州遷至山東諸城。明亡後，因著書反清，故為清廷所惡，屢遭緝捕。據軼聞，野鶴先生常獨立庭中，作揖讓進退狀，眾不能解，後方知，有一青霞道人常相聚談，以「為善讀書」四字勉之，庭草直立即道人至，庭草曲負則道人去，如此數年。一日，黃衣道人來訪，謂青霞道人不再至此，遺一紙包贈汝，急難時用之。後野鶴先生走逃之際，即拆之，見一包石灰、一支針，心明矣。於是以針刺眼，再以石灰毀之，雙眼即瞎，清官以其瞎盲，不能著述，遂免罹死罪。以後隱居鄉野，且令後世子孫不得為官，以耕讀傳家，諸城縣志有其事略。丁氏家風忠良樸實，受鄉里敬重。汝訒女士賢淑婉約，儉樸治家，相夫教子之餘，讀詩填詞，生活雅意盎然。一九九一年正月，遊高雄澄清湖，回憶故居濟南情景恍若隔世，遂填黃鐘樂詞，曰：

澄清湖樹掩夕陽，遊艇橫斜，總不如畫鷁蓮舫。並未有垂楊翠柳，雙雙婦女浣羅裳。　夢寐故里是他鄉，四十年來，轉眼間幾換星霜，只落得衰顏雪鬢，目昏耳聵兩茫茫。

　　一九九五年元月夫人與世長辭，先生頓失照拂依靠，哀慟非常，親作行述，謂：「先妣罹腸癌，糞氣甚惡，兩嫂勤侍眠食，而苦於滌濯，汝訒日夜侍側湔潔，經年不怠。人問何獨不畏惡臭，答以無所嗅知，殆昔人所謂孝心所感，故邑里有孝婦之稱。生二子三女，躬親撫育，愛顧如壹，無稍偏畸。教以德先，事以理諭，故子女皆恂恂稟守，得至成人。」又曰：「自奉至儉，衣食甚至不周，而毫無怨苦。」「一生以幼秉母教，中年後即持名念佛，誦《金剛經》，最敬奉『得成於忍』之訓。」伉儷情義綿永，先生感念夫人之情，雖未言表，然衷心弗忘。

　　一九九七年六月先生仙逝，享年九十。俯仰一生，可謂操行堅正，發言真率，篤學慎行，淡泊明志，無愧於先人，不愧於本分。傳文章義法於後學，定《詩經》學派於一統，此傳道授業，立言垂世，皆符古賢所稱之德業，或可入君子之林矣。先生有子女五人，孫輩十人，曾孫三人，皆以祖訓處世，以先生之風采為榮。有關先生著作，今簡述於文末。

錄自《王禮卿教授百年誕辰紀念文集》(2)

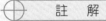　　　　註　解

(1) 王禮卿教授次女，曾任教於輔仁大學中文系，現已退休。

(2) 陳器文主編，《王禮卿教授百年誕辰紀念文集》（台中：國立中興大學中國文學系，2011），頁311-314。

何　烈（1926-1978）

何　烈，歷史系副教授。

資料來源：《國立中興大學民國63年畢業紀念冊》

何　烈教授事略 羅麗馨[1]

　　何烈教授，字定忠，江西南康人。台大歷史系畢業，台大歷史研究所碩士、博士。曾任私立復旦中學教員，民國六十二年進入本（歷史）系擔任副教授。

　　何教授專攻中國近代史，尤其是中國近代經濟史，代表作有《李秀成原供校註》、《厘金制度新探》等。此外，還有〈從海關資料看清季對外貿易〉、〈清末的洋票問題〉、〈清太平天國事件以前的財政概況〉、〈清代中期各種財政積弊的研究〉等學術論文二十餘篇。在本系主要講授中國近代史。

　　何教授早年服務軍旅，後轉入學界。刻苦治學，曾多次獲國科會補助。上課認真，甚得學生敬重。罹患肝癌去逝後，遺囑捐贈眼角膜，遺愛人間。夫人呂玉芳女士將何教授生前藏書捐給本系圖書室，目前以「何定忠教授紀念書庫」之名，提供師生參考。[2]

錄自《歲月的足跡——歷史系三十週年特刊》[3]

何烈的夫人呂玉芳女士。

資料來源：興大校史館，翁碧玲女士提供

13

何定忠教授紀念書庫成立儀式，前排右起第一位是文學院余玉照院長，第二位是貢穀紳校長，中間三位為何烈夫人呂玉芳女士及其子女。貢校長手中拿著的是當天受贈之何烈著作《清咸‧同時期的財政》。(4)

資料來源：興大校史館，翁碧玲女士提供

註　解

(1) 羅麗馨（1950-2020），興大歷史系第一屆畢業生，民國97-100年間為第15任歷史系主任，在系上執教三十餘年。參李君山主編，《半紀興史——中興大學歷史系五十週年特刊》（台中：中興大學歷史系，2021），頁8-9。

(2) 關於何烈教授捐贈圖書的詳情，可參范傳培，〈歷史系教授的捐書風氣〉，《興大校友》，第10期，2000.6，頁117-118。捐贈儀式約在民國73-75年間舉行，其後，校方為使教學研究資源更加集中，方便借閱，於民國94年11月至110年12月間，執行各系所單位之書刊整合回收計畫，原歷史系系圖之藏書，今已併入總圖書館。

(3) 羅麗馨主編，《歲月的足跡——歷史系三十週年特刊》（台中：國立中興大學歷史系，1998），頁39。

(4) 何烈，《清咸‧同時期的財政》（台北：編譯館中華叢書編委會，1981）。何烈的博士論文〈清咸、同時期的財政（1851-1874）〉完成於1972年，此書在他逝世後出版，由指導教授夏德儀先生作序。

李亮恭（1901-1992）

李亮恭，省立農學院院長。

資料來源：《臺灣省立農學院第一屆畢業同學錄》

（民國 39 年）

李亮恭先生行誼
民前 11.09.11 ─ 民國 81.4.21

　　李故教授亮恭，江蘇無錫縣人，為無錫望族，李同芳公之次男，家學淵源，書香世家。先生於民國前十一年出生故居，民國八十一年四月二十一日因病在臺北空軍總醫院謝世，享年九十三歲。

　　先生民國十年畢業於北京高等師範附屬中學。旋赴法國里昂大學，專攻植物學。民國十五年春回國，在國立北京師範大學及北京大學生物系任教。民國十七年秋應國立上海勞動大學之聘，任農學院教授兼院長。勞大農學院創立於民國十六年，初設江灣，校址狹隘，設備簡陋。自先生主持院務後，積極延攬專才，釐訂課程，擴充設備，局面一新。抗日戰爭軍興，復旦大學遷校四川北碚，校長吳南軒挽李教授創設墾殖專修科，以培植墾殖西北之人才。數年間，增設園藝，以及茶業專修科等，以至成立農學院。抗戰勝利後，李教授奉命至東北，協助政府接收交通部所屬鐵路農林事業，並在國立東北大學農學院任教。

　　民國三十七年臺灣省主席魏伯聰(1)先生邀先生來臺，任臺灣省立農學院院長。該院前身為高等農林學校，臺灣光復後，於民國三十五年方改組為省立農學院，事屬初創，規模未備，先生到院後，擘畫經營，學風丕振。

李亮恭院長任內，舉行省立農學院第一屆畢業典禮。
資料來源：《臺灣省立農學院第一屆畢業同學錄》（民國39年）

　　民國四十年夏，先生應臺灣省立師範學院劉白如院長之邀請，主持該院博物學系。省立師範學院後改爲國立臺灣師範大學，博物系亦改稱爲生物學系。民國四十七年，先生應新加坡南洋大學之聘，前往講學前後七年。

　　先生鑑於培植科學人才應自基層開始，對於中小學之科學教育甚爲重視，特別致力於小學自然、初中博物、國中生物以及高中生物等教科書之編纂。數十年來，歷次修訂課程標準及重編課本，無役不與。全國高初中學子得讀先生之書者逾百萬。先生在南洋之際，華僑青年受其教誨者四百餘人，深受僑社愛戴。先生在師大生物系執教最久，受其業者逾千，其中出國深造者達百餘人，已獲博士學位在國內任教者亦逾六十餘位，皆學有專精，爲國服務，貢獻良多。

　　民國六十年，先生七十華誕，又屆任教四十五週年，受業學生除集資刊印紀念論文外，並成立李亮恭教授生物學獎學金，每年贈獎大學部

學生兩名，研究生兩名，迄今頒獎二十次，受惠學子八十名，先生獻身教育逾一甲子，作育英才，功在國家，滿門桃李，永沐師恩！

錄自《國史館現藏民國人物傳記史料彙編（第11輯）》(2)

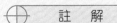

註　解

(1) 魏道明（1901-1978），字伯聰，江西人。巴黎大學法學博士，返國後於上海執業。民國36年，臺灣省政府成立，奉命為首任主席，民國37年底去職。

(2) 《國史館現藏民國人物傳記史料彙編（第11輯）》（台北：國史館，1994），頁108-109。

《李亮恭教授七秩華誕暨任教四十五年紀念論文集》序

詹純鑑[3]

詹純鑑,農藝系教授。
資料來源:《省立中興大學民國59年畢業紀念冊》

　　李教授亮恭先生,祖籍江蘇無錫,祖竹卿公遷居江陰。先生於辛丑年陰曆七月二十九日即陽曆一九〇一年九月十一日生於此。畢業於禮延高等小學。父子樸公宦遊燕、秦之間,民國四年,携眷至西安,先生遂入陝西省立第三中學,肄業。翌年,負笈至北平。民國六年,入北京高等師範附屬中學,成績輒冠全班。民國十年夏畢業,赴法國留學,入里昂大學理學院,專攻植物學。民十四〔年〕,膺理科碩士學位。十五年春回國,在國立北平師範大學及北平大學農學院生物系任教。民十七〔年〕秋,應上海國立勞動大學之聘,任農學院教授兼院長,是為純鑑得列門牆之始。其時先生年僅二十八歲,長諸同學不過數載而已,而其學問之淵博,教學之優良,治事之嚴正,創業之熱心,待人之誠摯,同學無不敬服。

　　勞大農學院創立於民十六〔年〕,初設江灣,校址狹隘,設備簡陋。先生長院後,延攬專才,釐訂課程,擴充設備,整頓風氣,局面一新,並取得寶山西門外四塘橋地方公地四百餘畝,作為實驗農場。即於十八年夏遷院該處;計劃甚為宏遠,惜未能完全實現。

　　純鑑畢業於勞大後,赴比國進修。數年後回國,晉見先生於南京,其待人誠摯之情,一如往日。抗日戰爭軍興,復旦大學遷四川北碚對岸之黃桷鎮。二十七年秋,吳校長南軒挽先生創設墾殖專修科,以培植墾殖西北之人才。其時,純鑑任教於重慶四川省立教育學院,先生時以創設事務垂詢,並命兼課,得親見創建之艱難,以及發展之迅速。其始也,未有寸

土;其成也,闢實驗農場三百餘畝。每一學期,必見新猷。由增設園藝系,而農藝系,而茶業專修科等,以至成立農學院。先生公爾忘私,稱譽一時。

抗戰勝利後,先生奉命至東北,協助接收鐵路所屬農林附業,並在東北大學農學院任教。

民國三十七年,臺灣省政府主席魏伯聰先生邀先生來臺,任省立農學院院長。該院前身爲臺中高等農林學校。光復後,於三十五年改組爲臺灣省立農學院。事屬初創,規模未備。先生到院後,擘劃經營,調整補苴,汲汲孳孳,席不暇暖。節有度,守有序。弦誦翕如,學風丕振。純鑑復奉命主訓導,朝夕隨侍,又得見先生勤勞公忠之精神,廿餘年如一日。而先生輒歎息曰:「勞形行政,學殖易荒。廿餘年來,所成幾何,而科學新知已漸將落後矣。不如專事教學,乃能多讀新書。」遂於四十年夏,毅然辭去農學院院長職務。

訓導主任詹純鑑(前排坐者右二)、課外活動組主任黃乃隆(前排坐者右三)帶領考生服務團。(1949)

資料來源:興大校史館

李亮恭院長與林一民教務主任。
資料來源：金石堅先生提供

時劉白如先生長臺灣省立師範學院，力挽先生主持博物學系。先生只允任教，不願兼管系務。再三強求，亦以系務究屬簡單，始勉應之。自此二十年來，除自四十七年至五十四年間，出國在新加坡南洋大學講學外，其餘十餘年均在同一崗位。師範學院後改師範大學，博物學系亦已改稱生物學系。(4)

先生之督導諸生，循循善誘，解答問難，從無倦容。己則勤讀新書，手不釋卷。復於教讀之餘，從事著述，早年即有《植物解剖學與生理學》(5)一書問世。來臺後曾出版《臺灣林業誌》、《農業概論》、《植物學大辭典》（印刷中）(6)等書。先生鑑於培植科學人才應從基層開始，對於中小學之科學教育甚為重視；特致力於小學自然、初中博物與國中生物，以及高中生物等教科書之編著。二十年來，歷次修訂課程標準及重編課本，無役不與。高初中學子之得讀先生之書者蓋逾百萬。其在南洋，華僑青年之受其教者四百餘人，深受愛戴。今日星馬各中等學校生物教師，以及南洋大學生物系之教師大都皆出其門。其在師大生物系，受其業者已逾千餘人。其中出國深造者一百數十人，而已膺博士學位者亦有三四十人，皆學有專精，多數在美加各地大學從事教學及研究。

飲水思源，懷念師恩。今逢先生七秩華誕，又屆任教四十五週年，爰各就所專精之學撰述論文一十二篇，並由旅美加同學集資刊印紀念論文集，以介紹生物學新知於國內，而為先生壽。因純鑑親炙先生最久，奉命記其事。謹就所知略述梗概，而為之序。中華民國六十年九月，弟子詹純鑑敬撰。

錄自《李亮恭教授七秩華誕暨任教四十五年紀念論文集》(7)

李亮恭院長相關公文與剪報

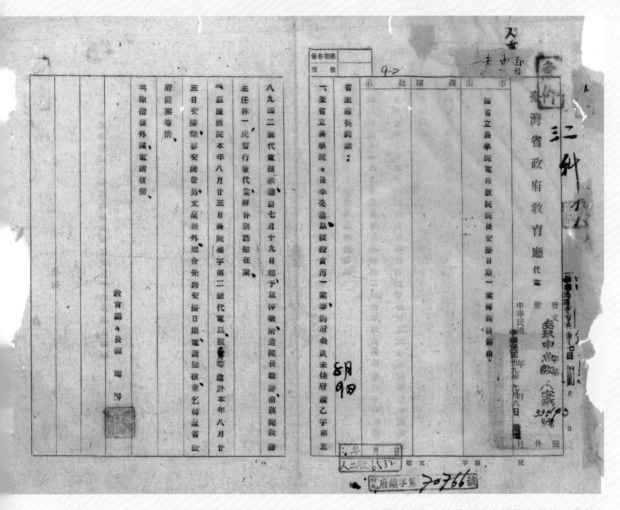

民國39年（1950）李亮恭被控貪污，省政府核示應自7月19日予以停職，院長職務由教務主任林一民暫行兼代，農學院奉令後於8月23日舉行交接。

資料來源：國史館台灣文獻館

⊕ 註 解

(3) 原標示頭銜：比國岡城（Ghent）農學院農業工程師、中國文化學院園藝研究所主任、立法委員，今移下為註。

(4) 王一三，〈農院與興大同仁：李亮恭〉說：「自四十七年接受新嘉坡南洋大學之聘，為生物系教授，五十五年從南洋大學退休，復返台北省立師範大學（即以前師範學院，以後又改為國立師範大學）生物系任教，直到退休。李先生與我在農學院同事三年，其公子曉龍為我所教農業化學系之學生，以後又與我在新嘉坡南洋大學理學院同事八年。」《浮生紀略》，頁125。

(5) 李亮恭譯，《植物解剖學與生理學》（上海：商務印書館，1925年初版）。

(6) 李亮恭、劉棠瑞編，《正中植物學辭典》（台北：正中書局，1974）。

(7) 李勁秋編，《李亮恭教授七秩華誕暨任教四十五年紀念論文集》（台北，1971）。

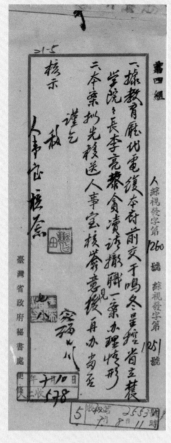

台灣省教育廳報告于鳴冬（農學院第一任學務主任）呈控李亮恭院長貪瀆請撤職案，秘書處將該案移送人事室核簽。（民國39年7月8日）

資料來源：國史館台灣文獻館

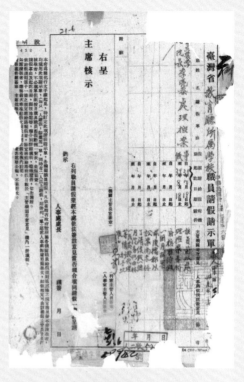

李亮恭向省府教育廳請假請示單，上載主管機關考查意見：「該員前以處理控案奉鈞府核准給假一個月在案，茲復據稱以訟案尚未終了，請續假一個月，院務仍由林一民教授代理等情，擬予照准。」

資料來源：國史館台灣文獻館

臺中農院貪污案／地院已提起公訴／院長李亮恭、教授林肇文／經偵查後均有貪污嫌疑

　　省立臺中農學院院長李亮恭與解聘教授林肇文互控貪污案，自去年八月經臺中地檢處偵查審理以來，迄今已九月餘，中間曾數度開庭。頃悉此案已於日前偵查終結，正式依法提起公訴中。

　　李亮恭貪污嫌疑在於三十七年自瀋陽飛北平、上海來臺赴任時之旅費舊臺幣六十餘萬未經主管核准，又缺票根或正式收據而自行在該校經營之農場中支付。

　　林肇文確有冒領配給米等情事，亦經提起公訴。（金昌）

《中央日報》，民國39年5月26日，八版

李亮恭貪污案／高院覆判無罪

臺中省立農學院前院長李亮恭被控貪污案，前由新竹地方法院，對於審理李亮恭到任之初由校招待暫住旅館，由旅館代辦與教職員聚餐費舊臺幣一萬三千二百元（折合新臺幣三角三分），併入房租項下開列單據一節，認係浮報房租，判負刑責，頃由臺灣高等法院覆判，根據事實，將原判決撤銷，另為判決李亮恭無罪。

《中央日報》，民國40年3月20日，六版

李亮恭清白無罪／省令通知復職／聞李無意繼續已請辭

省立農學院院長李亮恭，前以被人誣告，涉訟經年，暫行離職，院務由教務主任林一民兼代，三月十七日，臺灣省高等法院判決無罪，曾誌本報；四月二十四日，臺灣省政府以第三四九五六號訓令，正式通知李亮恭復職。該院教職員學生等，亦準備歡迎李氏復職，惟李氏無意繼續，已呈請辭職。

《中央日報》，民國40年4月30日，五版

李亮恭獲判無罪，省府正式通知復職，記者專訪報導。圖為報紙的局部。

資料來源：《青年新報》，民國40年5月1日，四版，國立公共資訊圖書館數位典藏服務網。

莫須有的創痛 / 李亮恭蒙冤大白

好人是不會寂寞的。曾受過二年奇獄的教育家，抱著滿身創痛，於廿六日接到了無罪復職的命令。他在飽受驚濤，波折之餘，撥開翳雲，重見天日。

他現在隱居中市郊外，閒時養雞種菜，表示「閉門思過了」。

四月廿五日，臺灣省政府，悄悄的頒下一紙公文。使得轟動社會視聽，幾及二年的一位教育家的奇獄，從此澄清本源，依舊戴回堂堂二品的紗帽，好不生色。這位教育家，就是省立農學院長李亮恭氏。

李氏是廿六日才接到他的復職令的，但這消息不翼而走，不一時，就傳遍了許多友好，和全院的師生。本社的電話陣陣的響起來，收到一片歡躍的呼聲，真像秋日顯露在太空，說不出一種期待的感觸。

記者終於承李氏親自的招待，在一間並不太壞的住宅裡，暢談了四十多分鐘，看他的容顏，沉著而安詳，聽他的語辭，怨慨而又寬容，他是清白的，爐火中的純金，飽受了十足磨折，如今撥開翳雲，禁不起流露愉快的表情，在他得到各方安慰的致意中，說明出好人是不會寂寞。

驚險！刺激！ 撤職待罪
光榮復職 是怨？是恨？是喜？

自從卅八年秋，他被撤職「待罪」後，一直隱居在市郊的深處，整理生平經濟學的心得，養幾隻雞，耕讀生涯下，蔽蓋住那驚險冤尤，和不可捉摸的命運。那一段時日，是無法形容的，但是他無言，這一次光榮的復職，來癒痊他的創痛，他卻無動於中，一位忠誠教育家，是遭受不起陰險的刺激的。事業中埋下了私人的禍根，半空中被提出「莫須有」的告發，變成一代的「罪犯」，這使他消極，雖然公理終是長存的。但是這位淵博的學者他是要「閉門思過」了。

心坎中的苦衷

正當廿六號，接到復職令的下午，就上了辭呈，他嘆息著對記者透出一點委曲：我國社會情況複雜，擔任行政職務是痛苦的。他說：站在事業之前，凡事不做不好，做起來便得罪人，得罪人從此糾紛而起，以我的才幹，是無法應付的。他辭呈的理由，是為了身體不適，而且為了求志願能如願以償，更於接見記者後的一小時，便匆匆的便裝北上，向

24

省方面陳述衷情去了。

不願積怨圖報

李氏的涵養功夫，是值得人嘆為觀止的，非僅他不想積怨求報，且對這次復職的新聞，再三的對記者表示他個人的意見，他曾受到的誹謗。撤職、攻擊、判處，現在既已水落石出大白於世，便不願稍作舖張，只願記者輕輕的放過一筆，依題發揮，又恐吹皺湖水，再招致出煩繁，復要累他起居不安了。記者為要這片好心，確軟化了感動的心。可是想起李案，在本省的教育界中，是一場巨大的漩渦，起伏了這樣一段長時間，萬目睽睽，群眾關注，全案的始末，雖早為各報段片的刊載，但仍不失其整理和報導的重要性。故決不便應一位學者的本心，而□□了這重責任。以下就是這案發展的一個單括全貌。

奇獄的始末！

李氏，五十開外，個子魁梧，精神飽滿，舉止間風度彬彬，左耳略為失靈，長期在口袋裏裝有一隻小收音機幫忙聽覺。早歲於北平師範畢業後，留法歸國，民國十八年就擔任國立勞動大學農學院院長職務。於今廿二年，執學南北各地，建助頗大，在商務印書館出版的《植物解剖學與生理學》，及《人生生物學》二書，更造就他權威的地位。

應邀來台

民國卅七年，應受魏道明主席的約聘，從瀋陽趕來臺灣，接任省立農學院的職務。從暑假隻身上任，接篆視事起，人事方面，沒有更動，至卅八年夏一整年的觀察下，開始對環境有個基本的認識，因為教育的重要，對許多興革事宜，便慎重的付諸實施，有幾位不能稱職的教授、副教授和講師，也不再續聘，從此發生了人事糾紛。

風波出自解聘　罪名找出兩條

醞釀出該案風波，因為在解聘的幾位教員中，對厚道的院長，本不放在眼下，此次竟被開刀了，一時懷恨在心，可是他們也曾托人向院長疏通，繼續保留飯碗，仍難獲售。乃在全套的行政記錄上，找尋藉口，給構成了二條「罪案」。

其一、住宿落人口實

當李院長初來接任時，因公家宿舍已無現成空屋居住，乃由前任周院長招待寄寓民眾旅社中，同時李院長為商量交接手續，及檢討既後工

作進展，曾在旅社內舉行教職員談話，順便招待晚餐。交接完畢，這筆帳由庶務人員自行辦理，竟一次在房租項下劃撥，並在李院長任期中報銷，這些瑣事，並用不著院長過問，但卻落人把柄，認為既身為院長，便不該住旅社，而且把招待晚餐費用，報銷在房租項下，法律之下便可構成浮報房租，貪污公款的罪狀。

其二、空路也算把柄

當其在瀋陽受魏主席之約來臺時，陸路業已不通，只可航空而來。這在他們，就認為有二條反駁的理由。第一點，既未得上峯的批准，不能坐飛機（記者按：陸路已不通）。第二點，魏主席約李院長來臺工作的時候，並不把聘書正式的寄到瀋陽，只等李院長來臺後，方才發展任命。

無孔不入：任命來臺發表，亦為倒閣藉口

這在我國官場，本屬常情，這一回即可釀成「倒閣」的焦點：反駁者說，他是到臺灣後，才鑽營到這個肥缺，不在瀋陽時，魏主席就有任用其院長的正確意思。故該項旅費的報銷，應有貪污嫌疑。這一套的「罪案」，第一次大爆發，是把消息供給於中部出版，現已吊銷了的某一大報，該報就根據這些內幕，便言嚴氣壯的來一篇社論。李院長急於辦交涉時，臺中地方法院檢察處也受理偵察，以其浮報房租一項，提起公訴，轉由新竹地方法院受理。同時院長也被停職了。新竹地院的判決，有期徒刑一年，直到李氏不服，向高等法院上訴，方得翻本，把原判駁下，李院長的復職令也來了。

李氏受了這次風波的牽及，社會人士，不少人會對他誤解，這次正義伸張，後相信可一正視聽，但是在師生間，他們是有同感的，現在李氏不願復職，對於各方面的婉留，已近有表現，記者現得到側面的報導，李氏今後的出處，可能接任臺大之聘，專注於學術之中矣。（若舫）

《青年新報》，民國40年5月1日，四版。

省立農學院院長李亮恭辭職／林一民代理院務

省立農學院院長李亮恭，前經高等法院判決無罪，奉省令復職，李院長以身體不佳，呈請辭職，教育廳已予批准，遺缺由林一民代理。

《中央日報》，民國40年5月12日，四版。

李春序（1923-2011）

李春序，時為植物系講師。

資料來源：《省立中興大學民國52年畢業紀念冊》

李春序先生事略　陳欽忠[1]

民國 12.06.15 — 民國 100.02.16

李故教授春序先生，一九二三年六月十五日生於山東省壽光縣斟灌古城，城乃四千年前夏帝仲康所封諸侯國，歷代才人輩出，先生稟此地靈之氣，宜其一生行止，有人傑之目。

七歲及齡入斟灌國民小學，畢業當年，日本發動侵華戰爭，中州板蕩，波及地方。翌年升入壽光縣立初級中學，開學即遇日軍掃蕩，此後校址數遷，斷續以克難方式讀至初三。聞大後方既可讀書又可從軍，乃辭別雙親，來到皖北，越級考入國立第二十二中學高中部一年級。

一九四四年日軍敗象已露，猶作困獸反撲，陪都震驚。蔣委員長介石先生號召十萬青年從軍，熱血男兒，聞聲響應，二十二中學生因家在淪陷區，報名踴躍，兩日即有五百人許，高居全國學校之冠。先生攘臂爭先，搶得全校第一，學校壁報社為出號外，贊曰：「投軍從戎風雲起，李君春序作先鋒」，報國赤忱，突出時表。先生一生忠於國家，勤於職守，於此肇其端矣。乃因背生惡瘡，幾至無命，幸得良醫診治，得以緩慢復原。翌年七月，高中甫一畢業，即投奔漢中青年軍，接受工兵訓練，方將執干戈以衛社稷，一償夙願。不意八月十四日日本無條件投降，「有志從軍，無緣殺敵」，先生引為憾事。

一九四六年六月復員返鄉，免試分發國立山東大學水產學系，此為全國獨一無二之學門，前景看好。先生篤志勵學，開啟生平黃金學習時期，在德、智、體、群各方面皆有特出表現。詎料禍起蕭牆，國共鬥爭化暗為明，局勢動蕩，山東一地首先遭殃，大三下學期全系移往上海，借讀復旦大學化學系。四月，上海風雲緊急，與師友六人共率國立濟南

閣若珉，時為教務主任。

資料來源：《台灣省立農學院第六屆畢業同學紀念冊》（民國44年）

一聯中學學生一五〇人南下，由滬杭而浙贛，兼程南下，漫天烽火之中，九死一生之際，屢憑先生機智，化險為夷，將學生安全護送至廣州教育部中教司報到。此一艱險歷程，千曲百轉，先生果敢堅毅表現，可以孟子「動心忍性」之說概之，日後創業垂範所需歷練，殆集成於此。

自廣州乘船先抵澎湖，執教馬公中學一年，一九四九年六月以榜首考取台灣省立師範學院插班，重溫學生時代第二春。學業固無論矣，體育方面素為先生所擅，此時叱咤風雲，鋒頭尤健，除獲校運籃球總冠軍之外，個人項目一千五百公尺冠軍、四百公尺亞軍，所獲獎譽最多。熟識先生者，觀其體型壯碩，聞其聲如洪鐘，應知其來有自矣。

一九五二年師院畢業，因嚮往台中風土人情，且有深造之想，乃婉拒知名高中之敦聘，辭卻台大助教之良缺，拾起行囊，來到台灣省立農學院（中興大學前身），隨植物病蟲害系教授閣若珉博士學。自助教做起，至一九六八年升等教授，期間獲國科會公費，留學美國奧立岡州立大學獲碩士學位，以迄一九九六年退休，凡四十四年，一生精華歲月，完全貢獻予興大。可資記述者太多，茲舉其犖犖大者如下。

一九六八年興大成立台中夜間部，劉道元校長聘為教導主任，實則同時承擔教、訓（導）、總（務）大部分業務。全力協助部主任李澃生教授草擬相關規章，報部核備實施，一、二年間即步入正軌。後升任部主任，任內連辦二次夜間部聯合招生，迅速確實，一無錯失，深獲獲教育部嘉許。另外，出面解決省政府選讀生學籍問題，一語解紛，眾人無或疑焉。汪希教授稱先生：「往往簡簡單單的一句話，或輕輕鬆鬆的兩個字，或是通俗的一個比方，即能把握要領，化除尷尬，解決問題。」(2) 可謂深識先生者。

一九七一年羅雲平先生接掌興大，積極擴大校區，規劃建設藍圖，不數年而陸續興辦行政大樓、文學院館、圖書館、體育場、游泳池等重大工程，總務方面亟須能傑之士出任，乃四訪先生於寓所，先生感其至誠，終於首肯，出任總務長一職。(3)於是宵旰勤勞，戮力從公，將上述館舍一一督責，促其完工。另有老舊眷舍改建，歸國學人住宿房舍租金兩個問題，因牽涉人事，十分棘手。先生謀定而後動，出以大公無私之態度，入則智珠在抱，展現高明行政手腕，上通下達，終於完成改建宿舍二百餘戶，回國學

汪希，時為共同科副教授。
資料來源：《省立中興大學民國53年畢業紀念冊》

人，不必積點排隊，一律分配宿舍。此一善政，至今猶為同仁所津津樂道，先生執簡馭繁，果有勝人之處。近年校史編纂，定調羅雲平校長為「興大藍圖的擘畫者」，任期之內為興大「飛躍的九年」，(4)先生襄贊之功，豈鮮少哉！去年校慶，蕭介夫校長特頒「擘畫功深」獎座，以彰先生貢獻，可謂實至名歸。

先生少小離家，後以流亡學生身分來台，未能奉養雙親，悲摧切割，不能自勝。一九八〇年代前後，經香港友人輾轉得知老母與胞兄尚

註　解

(1) 現為國立中興大學中文系教授、藝術中心主任。

(2) 語出自汪希為李春序自傳寫的序，見《李春序八十自述》（台中：作者自印，2001）。

(3) 關於羅雲平校長四次登門求才的經過，李春序有相當生動的描述，引錄於下：「一九七七年暑假過後，大約是九月初的某一天，羅校長突如其來，光臨寒舍。這是五年以來，破天荒的第一次。坐定之後，面對內子淑芳，正色言道：『李太太，我要請春序兄跳火坑。』內子愕然，瞠乎不知所對。校長繼續說明，學校的總務長已經懸缺半年以上，總務部門，人少事繁，不能長久無人主導，深知春序兄愛護學校，為免學校行政受到重大影響，特請春序兄勉為其難，接掌總務主管。於公於私，切盼不要推辭。這是一個絕對出乎意料之外的問題，當即冷靜思考，以我個人經驗、能力、個性和作為而言，極不適宜出任這一項要職。直言謝絕，另請高明。又談一些學校近況的事情，旋即離去。此後數日之內，又光臨三次之多，最末一次，羅夫人和一對孫兒女陪同前來，先將聘書放置桌上，又說羅家三代，登門求賢，希望以學校為重，勿再謙辭。言詞懇切，令人感動，在不便再拒人於千里之外的情況下，答應考慮三天，再作決定。誰知次日走進校園，竟有人向我恭賀新職，才知道羅公在送聘書同時，發布人事命令，造成既成事實。可見他的經驗老道，閱歷豐富，不勝佩服其高明之至。」《李春序八十自述》，頁60。

(4) 參宋德喜編，《檔案中的校園變遷》（台中：國立中興大學，2006），頁15；《飛躍的九年——羅雲平校長紀念專輯1972-1981》（台中：國立中興大學，2010）。

在人間，獲慈母黑白照片一幀，跪地叩拜，放聲大哭，夫人在旁揮淚不已，奈何公職所限，未獲奔馳。八七年政府開放探親，翌年兩岸敵意趨緩，公職探親仍在禁列，先生不顧一切，偕夫人繞道國外，進入大陸，直驅山東老家而去。終於見到闊別半世紀，高齡九十又二的高堂老母，強忍激動情緒，只因怕惹老母傷心。四日停留期限之內，敘天倫之樂事，極盡人子之孝。臨行未敢驚動老母，跪地叩頭，絕塵而去，一路嚎啕大哭，以洩多日強忍之痛苦。黍離之悲，孰令致之，先生搥胸頓足，終身不得其解者。

先生德配張淑芳夫人，天性端方，溫文賢淑，與先生同奉基督教義，門庭之內，怡如秩如。長女允文，大學英語系畢，除擅書法及繪畫，美食烹飪承傳母親，任職德國福維克公司烹飪經理，適王臺模，臺模美國德州奧斯汀州立大學博士，任職於新竹科學園區智邦科技公司技術總監。次女允華，現職美國高中科學教師，適茆偉正，兩人先後獲美愛荷華大學博士，偉正任職於威啟達大學諮商教育系資深教授，並擔任教育學院副院長，研究論文多發表於美國一流學術期刊，聲譽卓著。長男清源，美科羅拉多大學化學工程博士，現職賽德醫藥科技公司總經理，主導新藥研發，出類拔萃，品端學邃，克世其家。媳劉美君，與清源同校同讀，同得博士學位，專攻語言學，現職國立交通大學外文系教授。么女允芃，現職國際紐約人壽保險公司，夫婿朱先志，任職日盛證券，二人亦為廣告明星，作品超過百件。兒、媳、女、婿中，五人獲有博士學位，躋美增華，傳為佳話。孫兒效賢，孫女效騏，均在學。內外孫兒女共計七人，喜樂滿足，足慰老懷。

先生體素頑健，雖高齡而神明湛然。二〇〇四年突患腦中風，幸夫人搶救及時，得能平安度過。參與校內外活動，一如以往，拄杖出入，常由夫人扶持，鶼鰈情深，見者莫不動容。今年二月十五日因感冒急診，翌日上午七時進食後休息，於睡眠中安詳辭世，積閏享年九十一歲。

綜先生一生，童年遭逢離亂，青年流亡後方，往往絕處逢生，如有天助，可謂積善之家有餘蔭者，抑因古城靈氣所鍾，有以致之歟！歷盡波劫，出人頭地，良有以也。困而學之，所學皆有成遂，半世紀有用光陰，皆獻予興大，教研雙優，桃李成蔭，兩任一級主管，勛猷俱在，校史可

李春序、張淑芳夫婦合影　　資料來源：《李春序八十自述》

徵。與朋友交，久要不忘平生之言，遂使亂世同窗，終能白首相聚，發起成立興大退休教授聯誼會，先進同仁保有歸屬感，先生誠性情中人也。至於齊家有術，芝玉滿門；晚歲拜見高堂，忠孝得以兩全。是先生無所憾於人間矣，榮耀一生，行將登彼天國，永沐慈悲恩典。

　　國立中興大學生命科學系教授李春序先生逝世後，其家屬為紀念李公生前德意，並鼓勵有志青年精研生命科學，特捐贈全數奠儀，設置李春序教授紀念獎學金。

錄自《興大校友》第21期(5)

老園丁憶往

李春序

民國三十八年（1949）年，台灣高等教育，除國立台灣大學外，僅有臺北師範學院，台中農學院及台南工學院三所省立學院，其規模、聲望和學術水準，自是「台大獨大」。

民國四十一年，以台中氣候溫和，人情敦厚，筆者應聘來省立農學院任助教，教學研究，歷四十年，於今退休又數年矣。回首前塵，歷歷如昨，真不勝感慨系之。

當年林一民先生擔任院長時期，本校僅有農學、森林、植病、農化和農經等五個學系，師生不過數百人。但皆能和睦相處，親如家人。

四十三年夏，王志鵠先生接任院長。七年間拓展為十一學系，及一農經研究所。學風淳樸，作育英才。為台灣農業奠基，提供不少貢獻。

五十年夏，合併省立農學院、省立台北法商學院，另增設理工學院，改制為台灣省立中興大學。或有心理滿足，似乎未如往日之精誠團結矣。十年間歷林致平先生、湯惠蓀先生及劉道元先生三任校長。精心策劃，建立法規制度。收購民地，擴充校區，擬定長程發展計畫。奈以省府經費有限，未能立見功效。

六十年再改制為國立中興大學，次年羅雲平先生接任校長，任期九年，建樹較多。此後李崇道先生、貢穀紳先生、陳清義先生、黃東熊先生及李成章先生，先後任校長，以迄於今，又將滿廿年。他們各盡所能，各有貢獻。全在安定中求進步，平實中求發展。

筆者大學畢業，隨即來校服務。從最基層助教做起，專任四十二年，不論是教學、研究、進修和兼職行政工作，全都竭盡所能，力爭上游。也都交出了尚稱滿意的成績單。所以深有「終身為中興」的感受。

王志鵠院長

資料來源：《省立農學院第八屆畢業紀念冊》（民國46年）

　　時光易逝，退休又已數年。在這片充滿溫馨的園地裡，再過一年，就整整半世紀了。過去的一萬八千多天當中，曾有許多值得回憶的前塵往事。最令我不能忘懷的長者，是王志鵠院長。記得是民國四十八年的春天，長女罹患骨囊腫（Fibrosa Cystica），必須到臺北的大醫院，動大手術。當時待遇菲薄，阮囊羞澀。尚無健保補助，一時十分為難。不得已只好商請學校預借薪資，以解燃眉之急。王院長當面問我要借多少？我說院長能借多少，請你斟酌。院長二話不說，立即批給伍仟元整，相當一年薪水的總和。並說先拿去用，以後再說。如此解人危困，愛護同仁的長者風範，令我感佩之至。此後見面必問，大小姐現況如何？告以長大成年，出國求學，結婚生子，一如常人。王院長自然面現欣喜之色。

　　民國五十五年，我考取國科會公費赴美進修，為了取得學位，請准延後三個月返國，竟遭停發薪水的不當刁難（日後據理陳情，依法補回）。內子及兒女四人，面臨斷炊之虞。有位畢業校友袁先生聞知，立刻遠道來舍下探視，並堅持留交內人新台幣一萬元整，作為膳食、醫藥及雜支之用。讓李老師無後顧之憂，安心學成回國。雪中送炭，患難真情，實在難得而可貴也。

　　在本校度過五十寒暑，沒有爭權奪利，勾心鬥角。祇有同心協力，和睦相處，自然日久而情生。我初來時孤家寡人，繼而娶妻生子，以至於三代兒孫近二十人。全憑本校所發薪俸，由內子張淑芳女士，節儉使用，精心調度，才把孩子們扶養長大。至於同事間彼此關懷，互相合作。感人的事蹟，令人刻骨銘心。不勝枚舉，永誌不忘。

　　人的一生，正如一年四季，春耕、夏耘、秋收、冬藏。老來退休，本是享受成果的時候。但三年以來，我會同一些同仁，從發起、籌備，好不容易組成了退休同仁聯誼會。老朋友們，並蒙退休同仁公推我擔任會長，大家心手相連，共同感受溫馨的歸屬。

　　……

　　退休同仁聯誼會自開墾、播種、萌芽、茁壯，大家努力不懈，歷盡艱辛，迄今已得到廣大的認同和支援。前景看好，一片光明，不在話下。春節過後，且選出新任理事，公推莊作權教授擔任會長，負責各項會務工作。我個人已經跑完第一階段，順利交棒，今後仍然終身擔任義工，繼續

服務。新團隊比較年輕，熱誠合作，不久的未來，必將更有健全周到的服務，固指日可期也。

節錄自《興大校友》第10期(6)

豪邁質直・擘劃功深：緬懷李春序先生　王慶光

　　生命科學系創系元老、李春序先生為中興大學素受敬愛的耆宿之一，慟於民國百年（2011年）2月17日因病辭世，享年90歲。筆者繼先父文甲先生(7)之後來興大服務，承先生多所照顧，在追思中捧讀先生《八十自述》、《米壽補述》自傳，緬懷先生行事為人，忘其淺學，欲將所得供諸師長校友們，茲分生平、科研、擘劃、家庭、人格、追思六項予以表述，對先生人格精神的卓犖聊表追慕與崇敬，希冀吾興大校友聞風興起，共創吾校美麗願景。謬誤難免，望不吝指正。

　　一、生平（1-27歲）：春序先生少小離家，顛沛流離；青少年在戰亂的年代成長，至1949年大陸淪陷來到台灣台中。茲略述來台以前略歷：先生於1923年6月15日生於山東省壽光縣東斟灌莊。斟灌為夏地仲康所封同姓諸侯國名，《史記・夏本紀》《正義》引《括地志》：「斟灌故城在青州壽光縣東54里」。「斟灌李」於明代自江西遷至山東，數百年來賢達輩出，乃當地望族，名聲遠播。先生七歲及齡入斟灌國小，畢業當年，日本發動侵華戰爭，中州板蕩，波及地方。翌年考入壽光縣立初中，開學即遇日軍掃蕩，校址數遷，斷續讀至初三。1942年生報國之念，乃辭別雙親，化裝直奔安徽阜陽，進入由李仙洲將軍創設的成城中學（翌年改制「國立第22中學」）。先生堂侄李博生於2007年撰寫《斟灌春秋》，乃以先生家族歷史為內容的小說。

　　　　註　解

(5)《興大校友》，第21期，2011.10，頁41-42。

(6)《興大校友》，第10期，2000.6，頁114-116。

(7) 王文甲、王慶光父子傳略，參《興大人物史料彙編（一）》（台中：國立中興大學校史館，2021），頁14-19、22-27。

　　1944年與三千師生展開長途跋涉，歷時三個月，跋涉三千里，穿越安徽、河南、湖北，抵陝西南部的漢陰、安康設校，在戰亂中完成三年高中課程。先生曾專文〈國立第22中學流亡記〉憶述此期間艱苦的學習生活與躍動的全國民心，獲刊《山東文獻》，為戰時教育留下珍貴一頁。1944年10月，日軍直逼貴州貴陽，陪都重慶為之震驚，蔣介石委員長號召十萬青年從軍，第22中學500餘人報名，先生回憶錄云「我素來腿快，搶得第一名」，壁報出號外：「投軍從戎風雲起，李君春序作先鋒」，報國赤忱，突出時表。翌年七月，高中剛畢業，即投奔漢中青年軍報到，接受工兵訓練；因日本於8月14日無條件投降而無緣殺敵。1946年6月，免試分發國立山東大學，自漢中兼程經南京、上海，至青島報到，進水產學系，讀至三年級，在德智體群皆有突出表現，獲兩份獎學金，任校隊副隊長（尤長徑賽）。因國共內鬥局勢動盪，1948年開學之初，水產系借讀上海復旦大學化學系。〔1949年〕4月25日離開上海至長安〔鎮〕，隨翟、趙二老師共率濟南一聯中學生南下，槍林彈雨、漫天烽火中，輾轉至福州，再經廈門、香港至廣州教育部報到，歷程艱險，先生表現果敢堅毅，可以孟子「動心忍性」形容，日後創業垂範所需歷練，奠基於此時。

　　自廣州乘船先抵澎湖執教馬公中學一年，1949年6月以榜首插班台灣師範學院博物系，學業與體能競賽均表現傑出，除獲校運籃球總冠軍，個人組獲1500公尺冠軍、400公尺亞軍。1952年畢業。熟識先生者，觀其體型壯碩，聞其聲若洪鐘，實其來有自。〔乙：17-21〕

　　二、科研：台中農學院在1952年有農藝、森林、植病、農化、農經五個學系，學生四、五百人，植病學系教授閻若珉博士約先生到台中，擔任系助教，迄今（2001）在中興大學49年從事教學研究，在此結婚生子、退休終老。1952年的植病學系有十架顯微鏡，先生初任動物、植物二科的實驗教學，後接普通植物學的實驗課程，每天下午一時上課，皆須自行設計、找材料、編寫講義。1956年，王志鵠院長時期，奉教育部令，由植病學系分設出植物學系，由易希道教授出任系主任，1958年成立植物學會，增添圖書和儀器設備，此時全系有許志超先生、春序先生與學生約20人，教學研究成果受普遍肯定。先生接受趙傳櫻博士（台大植病系主

任）指點，作松柏類植物的木材解剖撰寫研究論文，並以之為1958年升任講師的代表作。自是年起，連續二十多年獲國科會補助，每年至少寫一篇論文。1963年，全票通過先生申請副教授升等案，俟教育部學審會再度審查通過後發給副教授證書。1964年植化館落成（1988年起稱植物系館），化學系在一樓，植物系使用二樓。1968年，國科會每年提供十個名額的甲種進修計畫、獎助，為期一年，出國進修，先生之申請，經國科會六位考試委員（中外各半）面試，對研究成果、進修計畫與個人家世進行質詢，並通過當時最難的英語測驗，終於考取國科會全額公費獎金，在最後期限截止前搭機赴美留學。先生初到美西Oregon State University追隨植物解剖學名師Dr. Smith，為其植物研究所碩士班研究生，註冊次日即通過英語考試，經過一年又兩個月的嚴格學術訓練，終於順利完成科學碩士學位，時年47歲。導師曾邀請先生繼續留校以一年時間完成博士學位，先生以「年近知命、兒女成長教育等主客觀因素，未能如願」，束裝歸國，返校服務，不久以22：2之懸殊比數獲升正教授。

　　三、擘劃：1969年8月，劉道元校長成立台中夜間部（2011年已改制為「創新產業推廣學院」），聘李漁生教授擔任部主任，堅邀春序先生兼任夜間部教導主任，並協助訓導主任陳癸淼講師辦理事務。1969年8月至1971年7月，兩年之內三遷辦公地址，慘淡經營，仍擴大為中文、外文、歷史、會計、企管五個學系（前三系為雙班），學生增至兩千多人。先生於1971年9月至1972年7月接掌夜間部主任，此期間制定各類行事法規，使教務逐漸步入正軌，不過也發生兩件棘手之事，一是台灣省政府人事處無理要求學籍，二是招生時有一位考生的成績被誤減100分，先生對前者秉公處理，轉守為攻；對後者及時補救於榜單，平息風波，使法理與情義兩不失，樹立行政之典範。1972年羅雲平校長上任時，先生去職，享受五年之安閒。

　　1977年9月至1981年8月，羅校長專程訪問先生，請接虛懸已久的總務長一職。在職四年間，完成改建教師宿舍二百餘戶，闢建歸國學人宿舍數十戶（無須積點排隊），將行政大樓、文學院大樓、圖書館、體育場、游泳池等重大建築之興建逐一完成。任內有三件事值得後人感念：（一）行政大樓施工時，春序先生構思分段驗收一法，他請土木系張明輝助教帶著土木系四年級同學全班參與驗收，經仔細對照施工計畫與實

際用料，居然發現廠商的偷工減料情形十分嚴重，竟少了320條直徑三公分的鋼筋！廠商於是向學校道歉並即時補足。之後台大總務長等亦蕭規曹隨、請該校土木系協助驗收，可知當時興大驗收方式在國內名氣之大，蔣經國院長來校時聽春序先生如上的陳述，曾當面予先生口頭讚美。（二）擔任大學聯合招生考區主任有二十幾次，負責台中一中考區等好幾千人的大考區，每日早到遲退，無時不在緊張狀態。無論何等風吹草動皆可能發生嚴重的影響，稍一不慎就會大禍臨頭。幾天下來先生自然精疲力竭勞頓不堪。到1988年陳清義先生擔任校長時，才婉言謝絕退出了主試一職。（三）1980年的前幾年，政治風氣轉壞，有人無故生非，混淆視聽，專找總務處的麻煩，法院曾搬走總務處文書八只大箱，先生八次進出台中市地方法院的調查庭，結果卻無一違法，終究還其清白。先生複印調查結果，送至台北榮總養病的羅校長，校長緊緊握住他的手，說道：「春序兄，你辛苦了！」

先生曾盡過心力的有另外兩個團體，即國民黨知青黨部和興大教授會。前者，在湯惠蓀校長時期，一度陷入低潮。全國各大學直屬知青黨部，本校敬陪末座。自書記長至各組幹部，人心渙散，幾至於停頓狀態。歷史系黃乃隆教授，銜校長之命先生家中共商挽救之策。先生建議力邀共同科韋玉華教授參加工作，經春序先生竭力說服，韋教授由原初的拒絕轉向接受，二人通力合作，本校次年成績躍居全國之冠。韋教授因此表現被調到中央黨部重用了。教授會是全校最高的民意組織，對於學校的興革有極大的影響力，春序先生擔任委員和常務監委多年，知無不言，言無不盡，凡對學校興利除弊之舉無不據理力爭。在興大五十年，幾乎奉獻春序先生一生有用的時間，「私心以校為家，以同仁即家人故也」。1994年，先生滿七十歲，屆齡退休，劃下公職最後句點。[8]〔甲：52-64〕

2009年10月31日，蕭介夫校長在湯惠蓀校長去世40週年紀念會上，特頒「擘劃功深」獎牌表彰先生在其總務長任內的重要貢獻，咸稱實至名歸。

⊕ 註 解

(8) 李春序教授退休於民國83年（1994），王文原作1984年，蓋緣自《李春序八十自述》頁88的誤記，今據〈李春序大事年表〉逕予修正，參《李春序米壽補述》（台中，作者自印，2009），頁20。

誠莊容，與李春序是植物病蟲害學系的同事，後轉入昆蟲系。

資料來源：《省立中興大學民國52年畢業紀念冊》

四、家庭：先生德配張淑芳夫人，約少先生十歲，籍山東博山，畢業靜宜大學英文系，1955年10月31日初於台灣省立農學院禮堂蔣公華誕慶祝晚會上驚鴻一瞥，誠姓女教授居中引薦，戀愛半年，於1956年7月14日與春序先生組成家庭。新婚之際住在農場裡一間鴨寮，面臨池塘，右鄰果園，先生曾自比陶淵明、諸葛孔明而自得其樂，聯語曰：「朝來雨露晚來風，花自芬芳草自青。世上另有茅廬在，豈獨諸葛臥隆中。」（1956年，台中家居）(9)先生日間在研究室埋頭於實驗教學，夫人在植病系上班。1957年長女李允文出生。之後的四年又三天，連生兩對兒女。家口漸多，淑芳女士辭公職，專心帶兒女，春序先生為了貼補家用，騎自行車來回中國醫藥學院、台中一中兼課。棲居茅屋四年之間，經過兩次大水災。1959年8月7日（即俗稱八七水災），農場水位急速上升，池塘滿溢，春序先生在雷雨中，赤足光膀，掘開四條各寬二公尺、深一公尺以上的洩水道。就近砍伐竹材，捆扎成束，築成攔水壩。終於轉危為安。次年8月1日，洪水重來，茅屋漏雨，濕氣過重，春序先生冒雨涉水，手拉二輪車往返八次。幸有農藝系李玉寶同學全程幫忙，搬至尚未完工的興大二村宿舍。時，長公子清源半歲、次女允華一歲半、長女允文三歲。之後，又得么女允芃（次子清泉夭折），兒女順利成長，各有成就，然而他們畢生為不忘早期這段艱難又有趣的農舍歲月。〔甲，65-68〕先生常提醒兒孫們說：「你們都是靠中興大學的薪水長大的，做人要飲水思源、要永遠感激中興的養育之恩。」〔丙一：19-32〕

數十載過去，蘭菊芬芳：長女允文，大學英語系畢業，擅烹飪、書畫，適王臺模博士，現職竹科智邦科技總監。次女允華博士，現職美國高中科學教師，適茆偉正博士，現職美國威啟達大學諮商教育系資深教授（兼教育學院副院長）。長子清源，美國克羅拉多州立大學化工博士，現

職新竹賽德醫藥科技公司總經理，品端學優，克世其家。媳劉美君，與清源同校，同得博士學位，專攻語言學，任國立交通大學外文系教授。么女允芄，現職紐約人壽保險公司，夫婿朱先志，任職日盛證券公司。內外孫兒女共計七人，品端才秀，足慰老懷。

五、人格：先生最顯著特徵在傳承中國文化，以道德情操感動人們，先生晚年自我檢討，一曰：「為人要坦白，做事要誠實，這是我處世的基本原則，因此之故，我的《八十自述》頗得好評。」二曰：「平生不置產；貧而不苦，窮而不困；感念中興大學數十年養育之恩，學校即家庭，同仁皆家人；道義之交遍世界，不交酒肉之友；兒女孝行可嘉，競相奉養。」〔張〕益彰（先生中學、大學同學）對先生相知最深、感動尤切，說：「他豪爽質直、艱苦樸實、助人為樂的性格與作風，不僅為許多老同學、老朋友所熟知，也被相交不久的新朋友所認識和稱道，尤其在錯綜複雜的情況下，他明辨是非、堅毅果敢、知難而上、見義勇為的精神和魄力，更是難能可貴。」「春序孝心動天，他千方百計、冒險犯難，終於在其母親有生之年，趕回了斟灌故居，長跪謝罪、戲綵娛親，與老母與長兄重聚了四天……我要向春序學習，爭取老有所學、老有所為、老有所樂，健步走過劫後的餘年。」〔乙：25〕

媳婦劉美君教授說：「公公是一家之主，他為人處事的原則影響一家人，建立李家『孝友、勤奮、儉樸、誠信』的家風。公公秉承中國倫理，事母至孝，敬重兄長，重視宗親。在戰亂的年代，少小離家，顛沛流離，求生求學，成家立業。一路走來……誠正善良，光明磊落。」〔乙：110〕

有一個事例說明春序先生與人以誠篤相交：留學時期結識旅美統計學家李景仁博士，此人個性高傲，當初與春序先生僅是點頭之交，他問春序先生有何困難，經據實相告，他立即以手指我說：「我來美已數十年，只碰到你一個說實話的，就是你。」馬上笑顏逐開，大有相見恨晚之感。

⊕ 註　解

(9) 這段姻緣的締結始末，李春序有生動的描述，文長不錄。李春序自書的春聯為「淑氣芳華永，春光序歲新」，巧妙地將妻子（淑芳）和自己（春序）的名字嵌入，頗為自鳴得意。文中所引為另作的打油詩。參《李春序八十自述》，頁65-66。

李景仁，農經系客座教授。

資料來源：《省立中興大學民國58年畢業紀念冊》

日後，李景仁博士來中興大學農業經濟研究所客座，幾乎每日碰面，天南地北暢所欲言。〔乙：45〕

重視朋友的真情是先生為人又一顯著特徵。凡讀《八十自述》者莫不驚訝先生之記憶力出眾，對前塵往事固然鉅細靡遺、縷縷委述，於老師、同學與朋友常過目不忘其名，勤於主辦初中、大學同學會（1970年在台中，2000年在青島）。更主動編輯《兄弟社》（1945，1997改名《患難見真情》）、《難忘的歲月》（國立第22中學校史，2001）。

先生擅長國劇，時登台演出，一次《四郎探母》坐宮一折之演出，思念高堂老母而竟然熱淚縱橫，感動全場觀眾。其國學素養深湛，徵引儒家經典訓誨子弟外，尤擅即興寫詩，選擇若干，以窺精彩。如：

「曾經跋涉西行記，今日回頭往東遊，滾滾江河東逝水，滔滔不絕入海流。翹首抬眼千萬里，故鄉景物應在否？喜見雨過青天日，掃盡妖氛復神州。重建家園歸故土，與君同銷萬古愁。」（1945年，漢中城固）(10)

「慈母倚門盼兒歸，望斷天涯不見回，但願雨過天青日，草堂萊子彩衣飛。」「春興春序兩難分，倏忽已過四十春，兄勉弟懷四方志，弟託兄長慰雙親。」（均1991年，台中思老母長兄）

「分別四十又三年，別時容易見時難。無盡歡笑猶在耳，相對驚見兩鬢斑。」（1992年，青島會同學）

……

但求抒發心中感受，不論諧韻工整，讀者覽之，多能順口，呼應其情境。

註　解

(10) 原文作「1945年，青島」，詩句文字亦略有出入，其實，賦詩時，李春序人還在漢中盆地的城固縣，今據《李春序八十自述》（頁32）一併改正。

六、追思：2月26日李春序先生感恩追思禮拜中，故舊門生、兒女親人多表思念不捨。門人彭鏡毅博士（中央研究院植物所研究員）宣讀治喪會陳欽忠教授〈李故教授春序先生事略〉，將先生生平軼事、志業事功之犖犖大者簡略陳述。門人曾義雄博士（興大生命科學系退休教授）接著講述春序先生的教學對學生們的積極影響，說：「我是1963年進入興大植物系，做春序先生的學生，之後出國留學，回國後在興大任教，相與四十多年之久，相當不捨。猶記李老師上下班都騎車，從這樓

彭鏡毅（1950-2018），植物系學士
資料來源：《國立興大學民國61年畢業紀念冊》

到那樓也騎車。1971年夜間部辦聯招，他要林金和老師（按：曾任中華民國植物學會理事長）到火車站幫他提領試卷，一捆一捆試卷迅速搬運完畢，我問林老師怎麼那麼快就回來？他說：李老師力氣大得很。這可以見到李老師的身體是怎麼健壯。李老師教我兩門課，一門是『植物解剖學』，他採用伊索著作《種子植物的解剖》，兩百多頁，一字一字地讀，如今許多系友都有成就，可告慰李老師。對我個人說，確實收到很大的效果，我在大學部教課，即用此方式，脈絡非常清楚，於是我感到李老師雖不在身邊，他還繼續教我！我從1972年出版第一部譯著（其實1969年已譯畢），李老師和許志超老師、孫守恭老師都有很好的人文素養，他喜歡國劇，並以國劇中的忠孝節義教育兒女和孫輩們，以這種精神從事行政。李老師自年輕時期有那麼多辛苦經驗，經常吃不飽穿不暖，養成一輩子節儉樸實，他說過：『豐衣足食即可，不須錦衣玉食。』60歲以後，老師給我『知足感恩』的身教。李老師一男三女，各組成了家庭，如今這四對都很成功，孫兒一輩也都唸名校，都由苦到甘、知道感恩。八十幾歲就看到子孝孫賢，有福氣！我四十多年與老師互動，跟他學做學問、做事，薰習他的人生觀，也是有福氣的人！最後，請李師母繼續疼子孫！」

兒女孫輩在汽車上、在飛機上趕寫追思文，皆編入生命科學院與台中基督堂合編的《追思禮拜手冊》，讓與會朋友無不感動。長子李清源博

士代表家屬致感謝詞，平和中有著念親的激動，《禮記‧中庸》云：「大德者必得其位，必得其祿，必得其名，必得其壽。」大家默默省思先生的德業，同時內心也祝福著淑芳師母與兒女孫輩們。

參考文獻：

甲、李春序，《李春序八十自述》，自印本，2001年，計110頁。

乙、李春序，《李春序米壽補述》，自印本，2009年，計115頁。

丙、李春序，〈退休十年〉，《退休拾痕》第三集，中興大學退休人員聯誼會，2005。

丁、李春序，〈追憶羅公，合作無間〉，《飛躍的九年：羅雲平校長紀念專輯1972-1981》，葉錫東策劃，宋德喜主編，2010，p.87-89。

戊、許志超，〈植物學系及研究所〉，《興大七十年》（1990.12）

己、陳欽忠，〈李故教授春序先生生平事略〉（李春序教授治喪委員會）

（作者：興大國政所退休教授王慶光）

錄自《興大校友》第21期(11)

⊕ 註　解

懷念師長——李春序教授

曾義雄(12)

曾義雄，植物系學士。
資料來源：《省立中興大學民國56年畢業紀念冊》

今天要來追思及懷念我的老師李春序教授，追思本身很符合我們中國傳統所謂的慎終追遠，所以慎終追遠本身就是一種教育。李老師當了一輩子的老師，我們今天來做與他的理念相符合的事情，我想老師會很高興。利用這個機會也是要教育我們的下一代慎終追遠的重要。

我是1963年進入中興大學植物系，當他的學生47年。後來我又回到植物系來任教，所以跟老師大概有將近40年的時間是很常互動。當我接到林主任的電話說李老師過世，我心情非常難過，每天好像時時刻刻都在念著他，一直在回憶與老師互動的一些情形。很不捨李老師他走了，尤其像李老師身體這麼好。在我印象當中，開始當他的學生時，老師才40歲左右（1963年），身體健壯。我的印象中李老師永遠就是一件短袖白襯衫，深色褲子，皮鞋擦得很亮。他常常騎的腳踏車，是一部很久以前的老飛利浦。我也很喜歡騎腳踏車，所以非常喜歡在校園裡看到老師的身影。他上下班、上街辦事情、在學校從這個樓到那個樓常常騎著腳踏車。所以我的印象當中李老師就是那麼健康、那麼健壯，不可能生病也不可能離開我們。我還記得1971年老師辦夜間部的聯招，需要從台北押考卷到台中，然後送到夜間部，預備第二天考試用。那時候林金和教授協助老師帶實習課，老師就打電話要林金和教授下午四點半到火車站幫忙提試卷。大概過了不到一小時，林金和教授就回來了，我說那麼快就辦好了？他講了一句話我一輩子都記的很深刻——「李老師真的是健壯，他手臂真有力氣，考卷綁成一綑一綑的，他一個人一下子就提了兩綑三綑」。在火車停的短短時間內，他們兩位就把所有的試卷就都卸下來了。

植物系師長與畢業生合影（1963），前排右三為李春序。　資料來源：《省立中興大學民國52年畢業紀念冊》

　　其次，老師的觀念有一個中心思想，他從頭到尾絕對堅守那個觀念、那個思想。其中比較輕鬆的一個就是我們大一迎新的時候，老師說：植物系沒有輝煌的過去，但有燦爛的將來。1963年我大一時，老師就是講這句話，最後他還是講這句話。⑴但我覺得老師應該很安慰，因為我們有許多系友都很有成就，老師要放心、要高興。另外，老師也常講「你們今天以植物系為榮，將來植物系就要以你們為榮」。鼓勵我們要好好的努力，好好的為這個系的形象來努力。這就是我大一時，對老師的第一印象。接著，我大二修了老師的課，老師的課有兩門。植物系那個年代非常active，老師們輪流出國進修。最早是易主任（易希道老師）到Davis進修。一年後謝萬權老師、陳清義老師（陳校長）相繼到日本進修，並分別獲得博士學位。再過一年，許志超老師到越南農技團擔任指導。接著，一年後，李老師也到美國進修。整個植物系呈現蓬勃的活力，當時真正在系內教過我們的老師其實只有上述五位而已。其中李老師還教過兩門課，像這種緣分就非常稀有的，因為那時候老師人數不夠，很多老師都在國外進修，所以聘請了多位兼課的老師。李老師上的課是植物解剖學，採用一本薄薄的教科書，大概兩百多頁，是Esau著作*Anatomy of Seed Plant*，就是種子植物的解剖學。老師的教法是一字一句帶我們讀，一個學期一整本

就讀完了。我非常喜歡老師的教法，因為我們讀大學那個年代沒有網路，資訊不是那麼方便。所以有一本書當作根據，老師講的時候趕快看、趕快記，課後再去對，這樣子的學習效果對我個人來講是最好最好的。我深受老師的影響，所以之後自己教大學部的時候也是用同樣方法，我希望一本書盡量把他教完。老師還跟我們講：「你一本書看完了，他的脈絡你就清楚了。一門課裡面整個脈絡清楚了，這門課你一定會有很多心得。」我的理念也是跟老師一樣，跟他學的，所以後來教大學部的課程，我也是用這個方式。另外，我這幾天在回憶的時候就想到Esau的課本，我心裡想「課本」兩個字，每一個人想到「課本」一定是說那是一本書，上課的時候用的一本書。可是我推敲那兩個字的意義還不只這樣子而已，應該是說上課的時候一個本，也就是基本、根本。上課根據這本書的內容，那你就有所本，老師的精神是如此，我非常了解。老師五十年前教我植物解剖學，到了今天我因為要來回顧過去老師的種種，我也悟出「課本」兩個字原來有這種意義。所以我說老師不在了，可是他還在教我，我也享受到那麼多的恩澤。因為這種讀書的方式，也啟發了我對翻譯教科書濃厚的興趣，我翻譯的第一本教科書是1972年出版的。事實上，1969年剛離開中興大學時就已經翻譯好了，這是受到老師的影響，對我來說是非常值得回憶與珍惜的。另有一門課——植物製片技術，那是沒有課本，都是實際操作的課程，我們也學了很多。此外，在那同時我也感受到老一輩的老師，包括像許老師、謝老師，都具有很好的人文素養，李老師就是非常好的榜樣，他很喜歡國劇，也喜歡下棋，能深切地欣賞與體會中國文化，並把這種欣賞、體會用在教育學生與子孫上，所以子孫能夠有這麼好的成就。

第二階段我與李老師的互動部分，讓我在行政上學了很多。從1982年籌備遺傳工程中心開始，到離開中興大學一共有24年半的期間均擔任行政工作，當碰到行政上問題的時候，我常常回想到李老師常說他處理問題態度及當他遇到問題的時候，如何去分析、解決問題的經驗，這對我在行政上的幫助也非常大。李老師的一生貢獻給中興大學，他的建樹、貢獻大家都有看到，從陳欽忠教授撰寫及彭鏡毅教授講述老師的生平事蹟中，大家都可以清楚的了解到老師的為人處事。

　　第三個階段我與李老師的互動，差不多是在他六十歲以後的階段。老師到了那個年紀比較會跟我們說他過去年輕的時候，顛沛流離，十幾歲就離家，有家歸不得。到了台灣以後也不知道太老爺、太夫人是不是健在，過的好不好？完全得不到消息。到了六十多歲之後，他常常會提到過去這種顛沛流離的經歷，但他也常常說因為年輕的時候有那麼多辛苦的經驗，所以讓他對人生從苦到甘有很深的體會之外，他覺得非常知足感恩。年輕時候吃飯都吃不飽、穿衣穿不暖，到現在豐衣足食。老師跟我強調，事實上豐衣足食就很夠了，不需要錦衣玉食，老師是這麼告訴我的。老師說的很多話我都銘記在心，對我個人有非常大的影響。六十歲之後的老師教給我的是人要知足感恩，很多的宗教也是這麼講，知足感恩的人是真正有福氣的人，老師就是這樣有福氣的人。所以老師從年輕顛沛流離，到遇到師母結了婚，開始有了一個美滿的家庭，他的人生從那個地方開始步入坦途。我們學生時代因為老師就住在興大二村，常常有機會看到老師與師母，大家都覺得老師真的很有福氣，師母除了賢慧端莊之外，把裡裡外外都照顧的非常好，子女也教育的非常的好。老師也常這麼說，他的家庭和樂，同時也念念不忘師母的恩情。因為我很喜歡問老師以前年輕的事情，他說他很感恩師母當年看的起他，願意嫁給他。我們學生也是很讚賞師母，很羨慕老師，而且我們覺得女同學們應該把師母當榜樣來學習，老師是那麼有福氣能娶到師母，生下那麼優秀的子女，兒子娶了很優秀很能幹的媳婦，女兒也嫁了很優秀很能幹的女婿，四位兒女都很成功，七個孫子已經上大學的都是名校，老師提起這些的時候他是非常高興的。老師這一生真的是非常的成功，由苦到甘，前段的試煉讓他後段知道知足感恩，能夠有這個經歷是一種福氣。到了八十幾，他又浸潤在子孝孫賢之天倫中，所以老師真的是非常有福氣的。我想一個人活在這個世界上，有幾個老師能夠讓我們跟他互動四、五十年，這也是福氣。在這裡敘述我跟老師的互動，我跟老師學到的一些做學問、做行政與做人的方法跟人生觀，我覺得我也是有福氣的人，所以我們懷念、追思李老師，在宗教的觀念裡他是先到了天上，我想大家要繼續記得老師的風範，他的形儀。已退休的師長

們，請你們也保持健康、快快樂樂，跟李老師一樣知足感恩。還在工作崗位上的，也一起共勉，一起好好努力，來報答李老師。

錄自《興大校友》第21期(14)

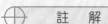

(12) 興大生命科學系退休教授。

(13) 關於這句話的起源，參見李春序的〈老園丁的話〉：「四十六年秋，全系一二年級兩班共有學生三十多人，老師人數不多，許志超教授外，有新聘的現任校長陳清義先生。照慣例成立植物系學會時，大家雖有慶祝的意味存在，但同時有一些冷清落寞的氣氛蒙在大家的臉上。我個人生性樂觀，從不灰心喪志，隨即提出兩句話說，植物系雖無輝煌過去，卻有燦爛將來，藉以鼓舞士氣。此後十年之內，每次集會，總會引出這兩句老調重彈。」《興大校友》，第6期，1996.6，頁76。

(14)《興大校友》，第21期，2011.10，頁38-40。

李炳南（1891-1986）

李炳南‧中文系兼任教授。
資料來源：《省立中興大學民國60年畢業紀念冊》

李炳南先生事略(1)

民前 21.01.16 ── 民國 75.04.13

公諱豔，字炳南，號雪廬，法號德明，別署雪僧，雪叟，姓李氏，籍山東濟南。世居城內南券門巷，積善聚族，已歷三百餘年，詩書相傳，簪纓攸續，城中父老咸知李氏第宅。公於民前二十二年（一八九〇）即清光緒十六年，歲次庚寅，臘月七日，誕於斯。尊人壽村公，好禮尚義，教有義方。公自幼穎悟好學，諸經子史，循次讀誦。開講以後，兼治歧黃，又好劍術，而於篇什興趣尤濃，吟詠推敲，屢致忘食。迨研究佛學，教、禪、密、淨，皆嘗修持，最後則歸於淨業焉。

民國紀元（一九一二），公方二十三歲，與濟南學界組成通俗教育會，當選會長。五年，更名私立通俗教育研究會，設講座於西門月洞，日日講學；又時往各集鎮遊行講演，並編印贈通俗詞曲，山東省府獎譽有加。

民國九年（一九二〇），公管莒縣監獄，目擊監房湫隘，垂憫囚徒，即謀興革。紆折五年，重建監舍，炳煥寬敞，設施完善。又倡德化重於刑齊，加強獄中教化，俾囚人知非向善。囚罹疾病，以精湛之醫術療之。罪屍無主者，代收瘞之。公始崇儒，宅心厚道；繼讀山東法科學堂，教授時講因果，以喻法學。時有梅教授擷芸光羲，南昌孝廉，掌秋官於魯省，精邃內典法相學，於大明湖畔組佛學社，講授相宗。公聽而悅之，每講必與，儒釋洞達，故從獄政，格外施仁。

莒縣自咸同以後，久無兵事。民國十六年至二十年間，頻遭內戰之禍。公適在莒，周旋其中，保全民命。如在城危之際，縣知事棄城走，謠言繁興，秩序混亂。公率警兵，武裝露刃，巡行彈壓，或偕人縋城說

李炳南與孔德成在南京合影
資料來源：《雪廬風誼》(2)

敵，或親登城堞勸阻犯軍。又十七年四月，大盜謀襲莒城，知事北去，縣府無人，公聯合各機關及邑紳，組臨時縣政委員會，搶救災民，以待軍援。十九年，庚午，二月，復有軍閥倒戈，橫據莒城，頑抗中央軍，相持半載；城內日遭圍軍砲擊，民食殆盡，人命不保。公在艱彌厲，偶閱及豐氏子愷《護生畫集》，深感弭兵之本，乃在戒殺護生。遂為蒼生立誓，是難不死，決定終身茹素。未幾，兩軍撤離，公於是實踐誓言，不復肉食。

莒圍方解，適有蘇州弘化社，乃淨宗第十三祖印光大師所設，印贈佛書，遠地但付郵資即寄。(3)公獲寄贈，如《學佛淺說》、《佛法導論》等，俱宣淨土法門者，讀之歡喜，較前所讀之大經大論，覺其易於契入。繼聞濟寧一老友，言印祖為通儒之高僧。即思皈依，以路遙，未果，心嚮往之而已。越數年，公為某慈善事，得識一佛徒，乃印祖弟子，允為公函介，通信皈依。旋蒙印祖許可，賜號德明，親筆開示，勉以敦倫盡分，閑邪存誠，自行化他，專修淨業。爾後公與印祖，問答佛法，郵遞頻繁。又三年，公往蘇州報國寺，參謁印祖，適師閉關，叩見之頃，如見彌陀。師在關中接叩見者，例語十餘分鐘，而公竟蒙開示終日。辭出，月已在天矣。

二十三年，莒縣重修縣志，總纂為莊太史心如，分纂及與其事者，均邑之鴻儒。公由獄政轉任分纂，其古蹟、軍事、司法、金石四類，皆公負責纂修。三年事竣，公因莊太史薦，應聘而入大成至聖先師奉祀官府，旋晉主任祕書。

盧溝橋變起，日軍大舉入侵，九貢相繼陷，政府遷渝，公隨奉祀官孔上公德成追扈之。一日過長安寺，聞太虛大師卓錫寺內。公向在鄉里，讀《海潮音》雜誌，久慕大師之德風，今得是緣，即求引見。既入室，欣見梅師擷芸亦在座。寺設佛學社，大師選人赴監所法施，梅師以

公薦。公與蜀僧定九師偕,遍莅講述,績佳,大師喜,題字獎慰之。

日機大肆轟炸,渝市驛騷。公隨奉祀官,遷入西郊歌樂山,結廬林間,命曰猗蘭別墅。山巔有雲頂寺,無僧,為公教眷屬雜居。殿楹懸標,曰:佛學講演會,為大師所書,詢知亦大師所設。公喜其靜,每晨必陟登禮誦。久,未見來講學者,公始悟是為護法保權意也。乃請於大師,願任講席,許之,數年信者眾,終致廟宇為之重新。

公居蜀時,日機屢施轟炸,彈下如雨,幾為崩土所埋,而仍奔走於硝煙彈雨間,為振濟會,振濟災黎,毫無懼色。

三十四年(一九四五),歲次乙酉,日本降,明年,公還金陵,從奉祀官府住京三載。其間曾陪孔上公三返曲阜,胥以道梗,僅一返濟南。餘時均在南京普照寺,及正因蓮社,講經說法。徐蚌役後,神州易色。三十八年,己丑,二月,公隨上公,隻身浮海來臺,感慨無限,發之於詩,謂應因緣有契。是歲適公六十初度也。

公抵臺,即寓臺中,初居自由路,繼居和平街,後寓正氣街九號,以迄於今。公之大願,在度眾生,故甫安頓公務,即覓弘法之所。既得法華寺,乃啟講《心經》,次則法相、《四十二章經》等。並在寺內,設中醫診所,施醫接眾;又闢圖書閱覽室,會友以文。由是法緣日廣,浸假而從如歸市,經筵擴及靈山寺、寶覺寺、寶善寺,以及碧山巖、慎齋堂、佛教會館、菩提場。靈山寺尤為重心,講經久而且多。臺中慈善堂、贊化堂、豐原龍意堂,原皆鸞壇,亦相繼請公講經,多人逐漸歸佛。終至經筵遍及三臺,猶憾口宣不廣,復藉筆弘。初辦佛學函授,次開佛學問答,假諸雜誌流通,如《覺群》、《覺生》、《菩提樹》、《慈光半月刊》、《明倫月刊》,均先後載公之佛學問答。因此,地無遠近,人無差等,咸沾法益焉。

自廬山諸賢,肇基蓮社,淨土一宗,乃大宏中夏,佛日因之以彰,世風賴歸淳厚。公有鑑及此,遂發倡建蓮社之弘願。經於三十九年(一九五〇)與董正之、徐灶生、朱炎煌、張松柏諸居士,籌組臺中市佛教蓮社,庚寅臘月初七日,正式成立,社址暫設法華寺內,公當選首屆社長,著手進行。四十年七月,由許克綏、朱炎煌二居士施貲,購得綠川

南湄綠堤巷民舍一棟為社址，篳路藍縷從事興建，屢經締改，不次擴拓，即成當今民生路二十三巷十四號，巍峨雄傑之淨業道場也。

四十年十月，蓮社成立男女二眾弘法團，男眾弘法臺中監獄，女眾弘法蓮友家庭。四十一年一月三日，辛卯臘月七日，蓮社初建殿宇落成，禮請證蓮老和尚，傳授三皈五戒。四十四年六月，禮請斌宗老和尚，傳授菩薩戒，前後得戒者數百人。以後常請懺雲老和尚於白月黑月，主持誦戒「布薩」盛會。每年舉行「佛七」數次，公常親自主持，並殷切訓示。

公為蓮社手訂社風十條，旨在上求佛道，下化眾生，積德求學，深信因果。又定社務凡三：一者、講演儒佛經典，化導人心；二者、集眾念佛，各求當生成就；三者、興辦文化慈善事業，以勵道德，而善風俗。

四十一年二月，農曆壬辰年正月初九日，公在蓮社開講佛學，連續六日，爾後每周講經，率以為常。蓮社首屆國文補習班，四月二十二日開學，禮聘孔上公、傅文平、劉汝浩諸師，講授《論語》；周邦道、許祖成二師，講授國文，公則親授唐詩。四十九年六月，蓮社十周社慶，復請證蓮老和尚，啟建戒場於慈光圖書館，得皈戒者千餘人，名之曰千人戒會。

蓮社成立後，聯體機構相繼而起。計四十七年四月，建慈光圖書館於柳川西路六十五號。四十八年五月，建慈光育幼院於瑞光街九號。五十二年四月，建菩提救濟院（後改名仁愛之家）與菩提醫院於臺中縣大里鄉中興路二段六一九號。五十九年三月，設明倫社於蓮社，後另建舍於民生路九巷三十號。

自四十六年至七十三年，霧峰、豐原兩佈教所，最早創設，其後陸續成立者，計有太平佈教所、員林佈教所、水湳佈教所、東勢佈教所、鹿港

⊕ 註 解

(1) 本文錄自明倫月刊社網頁，原文題作〈雪廬老人事略〉，《國史館現藏民國人物傳記史料彙編（第23輯）》（台北：國史館，2000）亦有收錄。

(2) 李炳南老居士全集編輯委員會編，《雪廬風誼》（台中：明倫月刊社，2014），頁2。

(3) 民國19年（1930），印光大師（1862-1940）離開上海，前往蘇州報國寺閉關，臨行前將各種書板及印訖未發之書移交上海佛教淨業社。明道法師等秉承師志，成立弘化社，繼續流通經典善書。民國20年（1931），弘化社遷到蘇州報國寺。

佈教所、后里佈教所、卓蘭佈教所、沙鹿念佛會。

他如香港、南洋，以及美國加州、德州等地，公之弟子所建之道場，為僑民精神團結之中心者，則不枚舉。

蓮社暨其聯體機構弘化慈善事業，概略言之：蓮社設救濟會、放生會、國文補習班、受託印經會、弘化團、天樂班、兒童德育周、佛經講座、電臺文化廣播、榮富助念團、佛經注疏語譯會、內典研究班、論語講習班、國學啟蒙班、社教研習班。慈光圖書館設佛經講座、圖書借閱、慈光托兒所、國學講座、佛學講座、榮富文化基金會臺中代辦處、蓮友子弟輔導團。慈光育幼院收養孤兒，辦理幼教，分設慈德托兒所、慈德幼稚園。菩提仁愛之家設菩提醫院、菩提安老所、菩提施醫會、並有太虛紀念館、善果林、寶松和尚紀念館。明倫社設明倫雜誌社、青蓮出版社、明倫廣播社，並另設聯善施醫會、孔學獎金會等。

慈光圖書館之國學講座與佛學講座，創於五十年十一月，每星期六晚間，由公講授《禮記》，並編《佛學十四表》講授。參聽者為中部大專院校諸生。後在寒暑假期，中南北各大專院校有志之學子，咸集於此，晝夜講習，連續四星期。課程凡六種：依次為《十四講表》、《八大人覺經》、《唯識》、《心經》、《阿彌陀經》、《普賢行願品》。公親授《十四講表》與《阿彌陀經》，並恭請會性法師蒞臨開示，餘諸課程由公之弟子分任講席。迨明倫社成立，易名明倫大專佛學講座，課程教師如舊。蓮社內典研究班、論語講習班，均係學行俱優之士，旨在培育儒佛弘道人才。公寄望深遠，教之彌勤，責之極切，並禮請會性法師與公之弟子分講內典諸課。明倫廣播社精製廣播節目，免費供應各電臺廣播，類分中華文化、蓮友之聲、明倫之聲，俱弘儒佛仁慈教化，普受聽眾歡迎。

蓮社暨諸聯體機構，俱闢有書房宿舍，供公宴居，公概辭而不受，唯居自行頂讓之正氣街九號寓所。是為一平狹之斗室，公居其內，書物井然，研經、著述、編講表、課誦、吟詩，無往而不自適。食惟飯蔬，定時少量。衣不至縫補不堪則不棄。弟子有奉束脩金者，悉以弟子之名轉為慈濟功德。每至一地，必希饒益斯地之眾生，隨緣法施，隨分財

施，以是為樂。平常晝理案牘於奉祀官府，夜弘儒佛於各道場，兼在中國醫藥學院教《論語》、《內經》，在中興、(4)東海等大學教詩選、《禮記》或佛學，以是日不暇給。後退公職，弘法時增，而忙碌如故。嘗謂弟子：「一息尚存，不忍閒逸也。」

位於興大二村內的奉祀官府，今僅存兩面山牆。（2008）

資料來源：痞客邦HERETIC提供

⊕ 註 解

(4) 民國53年（1964），李炳南應中興大學「智海學社」邀請，講述「東方哲學概述」。54年（1965）六月起，每週二應邀至中興大學「智海學社國學講座」，講授《大學》、《中庸》、〈曲禮〉、〈樂記〉等課程。同年九月，中興大學中文系成立，李炳南受聘為兼任教授，講授《大學》、《中庸》等課程。59年（1970）九月，時年81歲，又受邀至興大中文系夜間部講授「詩階述唐」專課，直講至92歲止，出版《詩階述唐》（台中，1972）一書。參《李炳南老居士年表》（台中：青蓮出版社，2010），頁33-34、37。

中文系第三屆畢業生與師長合影，前排右起第五位為李炳南，第七位為劉道元校長。
資料來源：《省立中興大學民國60年畢業紀念冊》

慈光圖書館為公常年講經道場。啟講以還，所講之諸大乘經，略有《地藏菩薩本願經》、《妙法蓮華經》、《佛說尸迦羅越六方禮經》、《佛說阿彌陀經》、〈普賢行願品〉、《維摩詰經》、《金剛經》、《楞嚴經》、《圓覺經》、《八十卷華嚴經》等。自五十七年啟講《華嚴經》，至七十四年寒假，已講至〈十回向品〉。是經開講以來，聽眾擁塞講堂內外，恆逾千人，有遠自屏東、高雄、臺北而來者。

公講儒經，諄諄於敦倫盡分，樂天知命。期諸學者，博文約禮，始為君子，終成聖德。講佛經，本諸祖注，契理契機，時時勉人深信因果，老實念佛。或以禪密叩之者，公曰：「某於戰時避渝之前，曾從北京真空禪師學參究法，與濟南淨居寺方丈客觀公同參八年；後至渝州，復學密法於白教噶噶呼圖克圖，紅教諾那呼圖克圖，如法持咒，亦有八年；愧皆無成，確信印祖之提示，依舊專修念佛一法。」公常曰：「時當末法，斷惑極難，不若帶業往生之為穩妥。」或問能否淨密兼修，公喻以腳踏兩條船，不可取也。

近時有人毀謗帶業往生，而倡消業往生者。或求公為文闢之，公不諾，免涉於諍。惟於講經時，引經據典，詳闡帶業之淵深義理，聽眾信心為之堅定，不受動搖。護法之功，可謂偉矣。

公講經時，音聲宏亮，九十高齡，語無衰虧。惟近年屢次食物中毒，體力漸弱，然講經未嘗或輟。七十五年（一九八六）三月，公講經時，再三勸眾，加緊念佛。又以古語提示：「少說一句話，多念一聲佛；打得念頭死，許汝法身活。」聽其語氣，似少低緩。四月八日傍晚，蓮社暨聯體機構諸代表，赴公寓所，頂禮請示，公曰：「大家心安就好。」四月十二日，公語近侍弟子鄭勝陽居士曰：「我要去了。」勝陽對曰：「大家還要聽師續講《華嚴經》。」公未語。至十三日晨，未曉，公念佛，並以「一心不亂」囑在側諸弟子，隨即吉祥臥逝，時為夏曆丙寅三月初五日五時四十五分，春秋九十有七。元配張夫人德馥，中道謝世。繼配趙夫人德芳，子俊龍，孫女珊、彤，均陷大陸。

綜公平生為學，儒經內典，博洽淹貫，詩文、法學，與夫醫術，亦莫不精醇高異。亙數十年，昌儒弘佛，夙夜不遑；濟世度人，顛沛無間。其去預知，其來有自。懿歟夐哉，斯非大士示現娑婆而何耶！

公既歸西安養，尚留經注詩文著作多種，化導人間。識其要者，曰：《阿彌陀經摘注接蒙暨義蘊》、《大專學生佛學講座六種》、《佛學問答類編》、《弘護小品彙存》、《內經摘疑抒見》、《內經選要表解》、《詩階述唐》、《雪廬詩文集》；或已出版，或尚待梓，彙印全集，俟諸異日。(5)此外，有筆記、表解、韻偈等近三百種之手卷，蠅頭墨迹，講義菁華，仰止摩挲，亦可珍如拱璧云。

中華民國七十五年（一九八六）六月八日

＋ 註　解

(5) 全集已於民國78年出版，見李炳南老居士全集編輯委員會編，《李炳南老居士全集》（台中：編者，1989）。

李崇道（1923-2016）

李崇道校長
資料來源：興大校史館

生平自述　　　　　　　李崇道
民國 12.10.02 — 105.05.15

　　李崇道（Robert C. T. Lee）1923年10月2日生，原籍蘇州，自幼隨父母遷居上海，自東吳大學附屬中學畢業，旋即進入東吳大學理學院化工組攻讀。珍珠港事件後，曾借讀於浙江大學龍泉分校，後自廣西大學農學院畢業，獲農學士學位，主修畜牧獸醫學。抗戰勝利後服務於農林部中央畜牧實驗所，於1947〔年〕赴台灣，就職於獸疫血清製造所（即今家畜衛生試驗所）。1950〔年〕高考及格，並歷任中國農村復興委員會及行政院農業發展委員會技佐、技士、技正、組長、秘書長、主任委員各職。

　　於1958至1961〔年〕赴美國康乃爾大學修得獸醫病理博士，返國後著有《獸醫病理學》（國立編譯館與黎明文化公司出版）。在農復會與農發會服務期間，週末公餘在台灣大學、中興大學義務教授獸醫病理學達十餘年，培養後進。崇道擔任國際畜疫會（OIE）我國政府常任代表多年，與美國、日本、德國、澳洲、紐西蘭等國從事國際間科技交流。

　　1972〔年〕獲艾森豪獎金赴美，1981至1984〔年〕出任國立中興大學校長，嗣後歷任考試院考試委員、中央研究院副院長、總統府國策顧問。1983〔年〕得韓國國立全北大學榮譽法學博士，1994〔年〕得美國康乃爾大學獸醫學院Peter Olafson Medal，1998〔年〕譽為中華民國獸醫病理學會之父。

　　在台灣推行畜牧獸醫各項業務，多年來與台糖公司戈福江先生及省農林廳蘇振杰先生同心協力、合作無間。藍珍、潘俊雄與莊大城等先生以及員林血清製造所黃清芳先生均係防疫工作同志，全省獸醫防治計畫最重要的一項係兔化豬瘟疫苗的全面推動，以及各縣市家畜疾病診斷所(1)計畫的執行，均受各縣市獸醫界同仁支持遂得順利推行，其中尤以屏東縣為然。

李崇道校長

資料來源：《國立中興大學民國71年畢業紀念冊》

　　有關畜牧事業各項計畫，使崇道回憶到余如桐、鍾博及林誠華諸先生的多年合作。有關籌設省農會鮮乳工廠以及乳業基金會、肉品基金會與飼料業基金會（Dairy Board, Meat Board, Feed Board），崇道亦曾全力推行。數十年來在工作計畫推行期間，深受各同事及畜牧獸醫同仁支助，有關獸醫病理學各項有關工作，更得力於吳福明教授鼎力相助，回憶起來溫馨陣陣，內心深感謝忱。

　　復憶當年建立養豬科學研究所（即台灣動物科技研究所前身）得戈福江先生大力支持方得有成。按世間各業之推行，以天時、地利、人和為要，其中人和則佔首席地位。在農復會服務期間，崇道深受蔣彥士先生、馬保之先生與亨德先生之提攜，銘感在心。

⊕　　註　解

(1) 民國42年，省農林廳為強化各縣市家畜防疫工作，函令各縣市政府籌設「家畜疾病診斷所」，至民國47年，改制為家畜疾病防治所。

　　崇道於1947〔年〕與許淑英女士結婚，其夫人係崇道高中、大學同班同學，婚後赴台，同服務於淡水獸疫血清製造所，並育有二女，嗣後淑英轉服務於台糖公司種畜場（在苗栗縣竹南鎮），1974〔年〕不幸謝世。1975〔年〕與農復會同事齊同女士共締百年之合。退休後，二人於1994〔年〕赴美，移居德州大學城。1995〔年〕崇道患中風，病後復因行動不便，遂居家閉門讀書，以悟天道、地道、人道。家務大小事全由齊同獨挑大樑，所幸女兒均在德州，就近甚有照顧，孫兒女計6人，更有天倫之樂。

　　崇道出身於基督教家庭，祖父李仲覃博士曾任衛理會中國地區會督。崇道身為基督徒，力主世界融和，熱中於大同中有小異的世界村理念，反對偏執。台灣是崇道第二故鄉，有深的情感、厚的根源。（李崇道於德州大學城 2004.12.24）

錄自《推動臺灣獸醫畜產界發展的手》(2)

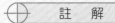

註　解

(2) 汪國恩等著，《推動臺灣獸醫畜產界發展的手》（台北：獸醫畜產發展基金會，2005），頁47-49。

回　憶

李崇道

　　出任中興大學校長為期雖僅三年，崇道却與中興人永結了同心結。一旦身為中興人，終生將是中興人。自七十三年秋離中興大學校長職至今，在身分證職業欄內崇道始終保持著「國立中興大學校長」的紀錄。

　　每念及中興人時，首先浮現出腦海的印象是同學們的真誠、校友們的熱情、協助推展校務的中興教授與同仁，以及若干在任期內推行計畫的開花結果。三年的時間並不長，却給與崇道無限的回憶與無上的溫暖。雖也有一、二件令人不愉快的事情，但均已褪色得了無影踪。

　　七十至七十三年恰值政府總預算編訂困難，學校經費短絀，校務推展不易。全校運動會已多年未辦，七十年亦因場地未經整修擬暫緩舉行，經由崇道與同仁及同學們商議後決定，按照原訂計畫進行。「場地上如有土丘，校長帶你們爬過去；若有窟窿，校長帶你們跳過去」是當時崇道對同學所提出的口號，可能因此同學們送了崇道一個「推土機」的別號。離職前，同學們曾送我一具玩具推土機，崇道置於書櫥內陳列，視若珍寶。離職時同學們的殷殷之情更令人心碎。

李崇道校長在行政院農業發展委員會舉行記者會，說明辭職決心，學生代表在記者會場外張貼海報，並當面遞交聯名信函，懇求打消辭意。

資料來源：〈臺灣新生報底片民國七十二年（三）〉，《台灣新生報》，國史館藏。

興大學生代表在李崇道舉行的記者會中，送他一輛塑膠製的推土機，李崇道（右）拿著這部推土機說：「推土機發生故障了！」（1949）

資料來源：《中央日報》，民國72年10月5日，三版，國家文化資料庫。

七十二年夏，我曾率領同學赴金門勞軍演出「長白山上」，極為成功。經多年策劃的校友返校活動，在陳會長水逢先生的贊助下，於七十二年冬在台北校區如期舉行，盛況空前。七十三年夏，於短短三週內崇道承邀接連訪吉隆坡二次，分別參加了馬來西亞中興大學校友會成立十週年所舉辦的「中興之夜」與留臺聯總的「文華之夜」。前者與法商學院陳院長聽安，文學院余院長玉照及陳教授澤亞同往，後者崇道單獨參加。與馬來西亞中興校友二度相聚，彼此心聲交流，心音共鳴，使人難忘。

對農村地區綜合發展規劃，崇道素極關心，抵中興大學後，極希望中興大學能獲教育部支持成立農村地區綜合發展研究所，俾能與法商學院的都市計畫研究所相輔配合，成為國內培育都市與農村地區發展規劃所需人才的搖籃。當時承李教務長慶餘與理工學院漢院長寶德的贊同，並邀了法商、理工、農與文學院十數位教授共同研商與策劃，並以南投縣區域規劃研究為先驅計畫予以推行。於七十年十二月崇道致全校教職員同仁信函中稱：「……該計畫不但旨在訂定資源最佳利用規範，亦包含了農業用地的保護，土地與勞動生力的提高，農業經營規模的擴大，農家所得的增加，鄉鎮規劃，農村生活素質改善，以及涵蓋著平均地權，地利共享與均富的最終目的。崇道深深地期望在中興大學能建立一處配合第二階段農地改革方案的區域規劃研究中心，規劃出農村與鄉鎮建設的新遠景，研議出整套的理論與實施方案，以供施政當局的參考，俾能帶動正確的經建方向……」。雖然該研究中心或研究所始終未蒙批准成立，但研究工作在李教授慶餘等人的支持下並未間斷。於七十七年十二月九日中國農村發展規劃學會終告成立，並於七十八年元月七日在農委會召開第一屆第一次理監事聯席會議，推選李教授慶餘為理事長，確是件值得

慶賀的事。

　　理工學院的遺傳工程研究中心，是崇道任內投下的一顆種子，而且是一顆即能抽芽的種子，其開花結果雖係崇道離職後的事情。該項計畫當時受理工學院陳院長履慶與農學院韓院長又新的支持，並在該中心主任曾教授義雄與中心各位教授的辛苦經營下，復經貢校長穀紳與陳校長清義的支援，歷年來均有具體實績。如今中興大學的遺傳工程研究中心，不但在校內為青年學子所嚮往，且在國內外學術界已佔一席之地，得來頗為不易。

民國75年（1986）1月，遺傳工程中心啟用，曾義雄主任致詞，
右起依序為貢穀紳校長、韓又新教務長。

資料來源：翁碧玲女士提供

張奉德，主任秘書。
資料來源：《國立中興大學民國71年畢業紀念冊》

中興大學的農業教育學系在崇道就任校長前奉令停止招生，使國內農業推廣教育工作受損，令高農師資培育發生斷層。崇道在任內以及卸任後近十年內不斷為農業推廣教育工作請命，至今農學院的推廣教育工作能與省農業改良場同步作業，帶動全省高農與有關農民團體以達成農業新知傳播的使命。十年期間對恢復該學系雖尚無具體成就，惟已蒙教育部原則同意，在農學院可考慮設置推廣教育研究所。

　　大學的校務原本錯綜複雜，在經費短絀的情況下則更難運作，三年間助我渡過重重難關的是教務、訓導與總務三長，理工、農、文、法商各院院長、臺中與臺北夜間部主任以及前後二位主任秘書。崇道於七十年赴校就職時僅張奉德先生一人隨行，至七十二年，張奉德先生返回原服務機關農委會後，即由當時殷館長昌頤繼任主任秘書職。對他們二位任勞任怨的工作奉獻，崇道內心至為感激。

　　開源既不易，唯有節流，三年間在近乎省吃儉用下倒也逐一完成了若干項建設與樹立一些人事考用制度。總務工作的電腦化，學校宿舍管理的制度化，臺中與台北校區整體規劃，校園環境整理，拆除校內舊民房，改善學生宿舍設備，闢建行政大樓四樓國際會議廳，惠蓀林場經營轉虧為盈，(3)中正圖書館與游泳池等的舊案清理，以及新建工程如機械系實習館、畜牧館、農學院溫室、學人宿舍與教員單身宿舍第一期工程的完工等均在同仁們的敬業辛勞下，一一達成，在此首先應向王總務長銀波及有關同仁們致最大敬意。法商校區部分，地區雖小，艱辛不減。崇道投入的心血絕不亞於台中校區，在此令我懷念的是陳院長聽安與夜間部張主任致祥。黃總務主任泰雄積勞成疾，於任內逝世，念及此，令人心酸。

註　解

(3) 關於惠蓀林場經營的由虧轉盈，可參〈從困頓走向繁盛的四大實驗林場〉一文，收入蔡宗憲、蘇全正撰，《興動時刻——興大百年校史圖說》（台中：國立中興大學出版中心，2019），頁68-81。

黃泰雄，總務主任。
資料來源：《國立中興大學民國71年畢業紀念冊》

對訓育工作的改進。一貫制導師制度的試辦以及同學們社團活動的強化。崇道與毛訓導長本鈞的意見甚為投機。雖然很多制度在當時環境與經費的限制下未能有效展開，但能與知心人促膝長談亦屬樂事。毛訓導長的譚派唱腔更使人陶然。

中興大學分臺中與臺北校區，又各有夜間部，等於四所學校，在開學與結業期間，崇道來往奔波於北、中二地，每年新生典禮，崇道亦須參加四次，倒也忙中有樂。惟二地設校，教育部却僅以一校單價核撥經費，至感窘迫。臺中與臺北夜間部在盧主任英權與張主任致祥的主持下，校務均甚順利。崇道每年最高興的時刻即是參加二地的畢業典禮，領導遊園，與畢業同學合拍紀念照，其樂融融。

三年的時間並不長，却帶給崇道無限的衝激與懷念。卸任前夕崇道主持了臺中校區基礎科學大樓定名雲平樓的典禮，以紀念羅前校長雲平先生對中興大學的貢獻，前法商學院張院長書文亦自臺北趕來，親自參加。臺中校區原有國光路，校門至為簡陋，於配合市府拓寬新校門前馬路工程，啟用校友捐贈完成新校門，並承教育部朱部長匯森題字。

興大路新校門，民國72年左右正式啟用。
資料來源：《飛耀的九年》

李崇道校長相關剪報

今（七十九）年三月一日陳校長清義函知崇道為中興大學創校七十年，擬擴大舉辦一系列慶祝活動，並已著手編纂《興大七十年》校史，其中「七十年回顧」部分囑寫回憶，茲就記憶所及隨意寫來如上述，以供參考，並資懷念。（七十九年四月十二日）

錄自《興大七十年》(4)

六所國立大學院校新任校長院長　第一行：虞兆中、李崇道、毛高文。第二行：石延平、林清江、鄭森雄。

六所大學院校易長

臺大—虞兆中，興大—李崇道，清大—毛高文，工技學院—石延平，高雄師院—林清江，海洋學院—鄭森雄。

【本報訊】教育部昨天發布人事命令，調整六所國立大學校長、院長職務。將於下月一日正式就任新職的六位校院長為：

①國立臺灣大學校長虞兆中，江蘇人，六十六歲，中央大學工學院畢業，現任中央研究院評議員。

②國立中興大學校長李崇道，五十九歲，美國康乃爾大學博士，現任行政院農業發展委員會主任委員。

③國立清華大學校長毛高文，浙江人，基隆人，四十一歲，日本九州大學博士，現任高雄市立海事專科學校校長。

④國立臺灣工業技術學院院長石延平，廣東人，五十歲，美國普渡大學博士，現任國立成功大學工學院院長。

⑤國立高雄師範學院院長林清江，雲林人，四十二歲，英國利物浦大學博士，現任師大教育研究所所長及訓導長。

⑥國立臺灣海洋學院院長鄭森雄，臺灣人，四十六歲，美國卡乃基大學博士，現任臺灣工業技術學院院長。

教育部發布人事命令，李崇道出任中興大學校長。

資料來源：《中央日報》，民國70年7月21日，一版 ·《中央日報》全文資料庫。

⊕ 註　解

(4)《興大七十年》（台中：國立中興大學，1990），頁274-275。

李崇道的突然離職
引起各方人士猜測

屆滿法定退休年齡因健康請辭
外傳推行校務遭挫折未能證實

教育部長昨表示
李崇道申請退休
是身體健康因素

李崇道校長突然請辭，引發各界猜測。
資料來源：《中央日報》，民國72年10月3日，三版。
《中央日報》全文資料庫。

回到興大上班就像返家
李崇道感溫暖

迎接海報滿滿道旁‧學子露真情
待閱卷宗積成堆‧校長績獻心

李崇道返回興大上班
資料來源：《中央日報》，民國72年10月20日，三版。《中央日報》全文資料庫。

李榮炎，中興大學編審。

資料來源：《如坐春風》

追寫興大校長的辭職風波

李榮炎(5)

話說中興大學台中校本部任共同科體育的一位副教授馬姓老師，民前三年十二月生，雖於六十五年八月正式退休，然當時的校長以其於民國三十七年到校，在校時近三十年，「貢獻」殊多，爲借重他的「經驗」與「優良」教學法，逐年請其來校兼課。(6)發一份薪水，相安無事，和平共存。

新任校長 新人新政

興大七十年秋校長易人，調派農發會的主任李崇道先生接任。李不曾參加政黨組織，以單純的學人從政。到校以後，一切依章辦事，尤其用人最認為認真。大學是一個用人權責單位，所有教職員的派遣，校長發佈命令即具法律效力。

緣以興大歷史悠久，很多的派系門閥與利益勢力集團羼雜其中，若有一方面擺不平則興訟告狀層出不窮，會令當校長的吃盡艱辛。主政的為了安撫以息事寧人，各方自都得將就及用心照應。

本來政府早有規定，新進人員應舉行公開考試擇優錄用，但過去皆未執行，只看誰的手臂長、力量大，便用誰推荐仲介的。你具備了任用資格，你經過考試院舉辦的公務人員考試及格，但是沒有用，也進不去，因你沒有那些派系門閥的勢力在支撐。

打開興大的教職員名冊，如果尋根究源，目今仍可發現許多夫妻檔、父子（女）檔、親家檔、祖父孫兒檔、丈人女婿檔、婆婆媳婦檔等等，一窩窩的占著要津。夤緣倖進，一家子坐吃國家俸祿。因為他們都是有力人士，是從未經過考試的。

李崇道接任興大校長，隻身前來，臨行借調了一位在農發會任職的張

奉德當主任秘書，其他的全在興大的人中安排。由於他依法用人，遇有職員出缺，即登報公開列具應考的資格條件招考，一個名額幾十名報名應徵，公平競爭，精中選精，錄用的人當然是最好的。大家固然稱道，但藤牽葛繫，根深蒂固，使那些派閥的人用不上力，自然也招致懷恨怨懟。

新進的職員任用若此，超過七十歲的教員也不再聘請兼課。惟是這麼一來，便得罪了不少的人，尤其上開的那位馬先生。

根據有關規定，學校專任教師排滿了課，或原任的無此人才，才可外聘兼任。如理工方面的隧道工程、給水工程，學生需獲此知識技能以適應社會的需要，使其將來就業學以致用，便得向電力公司或自來水公司聘人授課。若是一般課程，如共同科的體育，學校本就有充裕的師資，且專任的老師課未排滿又聘兼任，致原任的要支薪水，再而開支兼任鐘點費，等於浪費國家的公帑。李崇道新人新政，不再借重那些逾齡的，就是本此而採的措施。

請問讀者，李的此一舉措是否得當？我想答案應是肯定的。但原本視作當然而如今卻接不到聘書的人，滋味就不一樣了。

春節團拜　借題攪局

七十一年農曆春節，是李崇道接任興大後的第一個新年。當大家正喜氣洋洋在大禮堂打躬作揖，恭喜發財的相互拜年時，忽聽到高聲的吆喝叫罵，看到大鬧會場的情景，眾人不明究竟，相顧愕然。驀見一人急步穿梭來回，像是喊話的說：「今天應是王八拜年，你們恭喜什麼啊？」「大家回去吧，我們又不是王八！」「中興要倒楣了，好好的吉日不用，卻要選這烏龜出門的日子，衰啦！衰啦！」連續重複，轉了幾圈，走了。

有人說：「他不是體育組的馬老師嗎，為什麼要這樣攪局呢？」

⊕　　註　解

(5) 李榮炎，原名松榮，筆名木子、李夏。在中興大學工作十八年，由臨時員晉至簡任級編審。

(6) 根據畢業紀念冊，當為民前2年12月生。馬姓教師，上海東亞體育專科學校畢業。〈追寫興大校長的辭職風波〉原發表於《地方人雜誌》（1990.6），後收入作者文集《如坐春風》（2000），其後又重收入《話說從前》（台北：秀威資訊科技，2005），將馬姓改為麻姓。

本來這個團拜，李崇道要親自主持，但經此一鬧，便請由教務長李慶餘代理，弄得大家都不歡而散。

事後查詢，此事的起源，是因團拜改了日期，使馬某得以借題發揮。按照往例，每年拜年都是大年初一，惟李以興大人遍佈各地，如於假期中舉行，勢使許多住在遠處者不克參加。春節學校放假一週，待年初八假滿恢復上班，大家齊聚團拜，大家方便豈不更好，於是將往例的初一改爲初八，不料會造成如此尷尬的場面。

記得同年的四月間，學校中的黨員在惠蓀堂（前大禮堂）召開黨員大會，濟濟一堂坐滿了一屋子的人。報到完了正待舉行儀式時，後面倏而傳來高音波的嘶叫：「丟人啊，真丟人！」「在此間獨一無二的堂堂國立大學，連中區知青黨部的主委都當不上，把它流到私立的學校去，你們的面子何在啊！」「丟人啊，真丟人！」

大家回頭一看，連續大聲喊叫的，原來是春節到此攪局的那一位。

稍具常識的人都知道，黨部主委必須具備黨員身分，可是李崇道不是黨員，雖是國立大學的校長，但也不合乎條件。中區知青黨部的主委乃由東海大學校長梅可望出任。這本來就是一件順理成章的事，卻想不到有人無端找碴，冷嘲熱諷的加以非議，其居心頗令人質疑。

韶光如矢，轉眼寒暑更易，興大七十二年節團拜，仍在初八舉行。熙熙攘攘，一團喜氣互祝「新年好」，不料舊人舊戲再度重演，又傳來了高聲的嚷嚷。這次的話題不是「王八拜年」，而是署名發慰問信及致送慰問金的「名義」問題。那個於大庭廣眾眾目睽睽之中鬧了兩次事的人，拿了一個信函，將信頁及內中的新台幣五百元取出攤放桌上，拍著桌子大聲的說：「我的春節致退休人員慰問金是政府給我的，不是李某人給我的。不是李某人的錢，他那裏有資格署他的名字發給我！我不要，我拒受。」「打那個王八蛋，我負責。」其聲震屋頂，氣沖斗牛。旋將那信及錢擲向空中。

大家知道，很多的機構為照顧各該單位的退休人員，於公費中撙節開支，每年的節日致送一些慰問金，附發慰問信以表關懷之意。不錯，錢是

公家發的，但這個慰問信，若不以單位主管署名，那應署誰的名呢？

此次新年團拜，在場的人都知道：李崇道的母親李老太夫人於年初三過世了。對於一個初遭母喪、泣血守孝的人仍不放過，只因不聘兼課，斷了財路所引起，是頗出人意表的。

基於安全　取消運動

「爲了校區安寧與個人安全，崇道早已取消在台中校園內散步，在台中市區內也已不見崇道足跡。」這是他七十二年十月十七日於辭職風波事件發生後未久，致興大同仁第一封信中的話。請讀者試想，一校之長，爲何不敢在自己主持的校園內散步？一個國立大學所在地的市區，何以不見他的足跡？而他也已坦誠揭露：基於安寧與安全之故。

李崇道校長主持校慶運動會
資料來源：《國立中興大學民國73年畢業紀念冊》

吾人如不健忘，在十數年前電視新聞播報的螢光幕上，常可見到那喜穿白衣，那個農發會主任魁梧高大的身影。他體格健壯，聲若宏鐘，是緣於他愛好運動。習於運動的人，忽然連大門都不敢出，自己將自己侷限於一間屋子之內，是因為經驗告訴他，怕受到「教訓」。據說有人為他專門訓練養了一條狼狗，在校園中隱身暗處，指揮牠去咬他。幾度驚恐，餘悸久久難忘，為了安全，也只好連散步都取消、放棄了。

前幾年有人舉行「最受社會尊敬的職業」調查，結果由《中央日報》刊出，列在前面的是大學校長，其次是中央部長、省廳處長。當一個大學校長何其風光，許多人鑽求不得，李崇道何以三年任期未滿（民國七十年八月接任），二年餘便發生了辭職風波，輿論喧騰他的掛冠事件？亦正如他在信中所說，有太多的辛酸。

官場中習慣當主官的有所謂「班底」，新官上任，不免要帶幾個親信的人，使平時襄贊協助，緩急有所肆應。李崇道到興大主政，臨行匆匆，僅僅借調一個人同來，投入這沒有歷史淵源，完全陌生複雜的環境，其工作的艱困可知。因而，別人當主官，一呼百諾，他呢？寫個便條，發一封信，都得躬自草稿，打印之後親自校對。看所附的兩封信，他縷縷訴述的無奈悲淒，個中滋味可知梗概。

掛冠求去　一了百了

或許有人要問，一所偌大的大學，一個學生如此眾多的團體，難道就沒有衛道之士，難道就沒法律保障主管的安全？這要分兩方面來說。

第一、他沒有班底，孤立無援。況因他的到來而喪失特權權益的人不少，不再聘逾齡的兼課亦不只一人。有人出來搗亂，正好替自己出氣，竊喜之餘，不惟不加阻勸，更而推波助瀾。

第二、亦是主要的，應是他自己的觀點與看法（見其致興大同仁的第一封信）。

李崇道是農業博士，憑個人的努力艱苦奮鬥有成，向來在單純的農發會工作。他不參加政黨，以一個信徒、學人的熱誠態度為社會服務，可是身不由己，淌入如此險惡複雜的漩渦。他的想法是：煩惱的主因是主持校務，不幹了總可以一了百了！

　　李崇道從到任至辭職，僅到任二年餘。為符合三年一任體制，也因為教育部多方慰留及學生的請求，乃延至七十三年八月移交。七十二年十月十八日銷假在台北法商學院辦公時曾對記者說：我在台大、法商都有課，家不搬回台中，今後住台北的時間比較多。

　　也許，在他的心中，住台北比台中安全、溫馨，也許可能是不願回首那些是非吧！

　　七十二年十月十九日李崇道回台中校本部，受到學生的熱烈歡迎：「校長，歡迎您回來。中興好，中興要更好！」

　　如今，李崇道已離開中興大學，留下的不只是他令人懷念的風采和學者的氣度，還有許許多多耐人尋味的「辭職內幕」，我們真的不知道，這種事在台灣是不是新聞？我們只有衷心地企盼，這種事不再歷史重演！

一九九○年六月一日發表於《地方人雜誌》

錄自《如坐春風》(7)

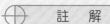

註　解

(7) 李榮炎，《如坐春風》（台中：文學街出版社，2000），頁31-39。

周一夔（1907-1987）

周一夔，時為公共行政學系教授。

資料來源：《省立中興大學民國56年畢業紀念冊》

周一夔先生傳略　　周曹琛

民前 05.08.24 － 民國 76.08.23

先夫周君一夔，字序生，福建省建陽縣人，民國前五年（一九〇七年）生於浙江省杭州市。先世為士務農，經營林木，通航南洋，至祖父始為官，歷任浙江知縣、知府，民國建立，退隱歸回原籍。父名翰，字仲平，早年留學日本，學成回國，為清末殿試翰林，民國二年，任國會議員，後任福建省立法政學校校長、省議會秘書長、教育司長。母黃仲蘅，嫻淑慈祥，生一夔、一凱及女一政後，早年病逝。民國十八年（一九二九年）先夫與予結婚，生子汝劭、女汝吉、次子汝任、幼子汝文四人，皆已成家立業，生兒育女，現有孫輩七人，重孫三人。

先夫幼承父教，博讀經史詩書，並受新式教育，中學畢業後，至南京就讀金陵大學，因反對基督教，為校方不滿而退學，轉入國立中央大學前身東南大學，民國十六年畢業，獲福建省府資助赴美，攻讀土地經濟。回國後，應政大前身黨務學校聘，教授統計學，自編講義，著《統計學概論》，後任賑災委員會籌賑科長。民國二十年，迎養父親妹弟居住南京，因委員長許世英出任駐日本大使，遂隨往日本，擔任機要秘書，全家遷居，分住上海與東京，時政妹已結婚。迨中日戰爭爆發，下旗回國，隨許先生赴湖北漢口，負責難民撤退工作，俟最後一班火車、輪船開出後，始隨張公岳軍飛赴重慶。其時父因身體衰弱，不欲旅途勞累，凱弟學業中斷，願與在上海有工作之三叔留居上海，命予與政妹攜子女赴漢口，家庭團聚。因戰事危急，不能久留，即轉往重慶，先夫歷任賑濟委員會處長、主任秘書兼中央設計局社會組召集人，並兼在國立重慶大學統計系授課，當時後方物資短缺，生活費用日增，兩人每月收入，按時匯款上海，奉養父親及供給凱弟學費，克勤克儉，勉可維持生活。未幾，父親病逝，安葬

上海長安公墓,身為人子,未能侍疾送終,萬分悲傷,隨後凱弟轉來重慶,完成大學教育,並應高等考試,以優等獲選,相繼就業完婚。序生對幼弟能有如此成就,甚得安慰。抗戰勝利後,應南京市長馬超俊先生之約,出任南京市地政局長,不久沈怡先生接長南京市長,序生仍任地政局長,處理收復後地籍整理,發換所有權狀,完成下關土地重劃,嚴正不苟,管理部屬甚嚴,並籌劃江心洲土地重劃方案,惜共軍迫近,不克實施,遂將南京市地籍資料及人民所有權狀等複印本裝箱,運往臺灣保存。迨沈怡市長辭職,序生亦獲准辭去局長職位,交接清楚後,全家赴滬,借住姨母家空屋。三年南京地政局長,兩袖清風,真是家無長物。其時上海物價飛漲,三餐不繼,同鄉世好林君,適在滬經營紗廠,得知我家情況,堅邀序生為其顧問,負責我家生活費用,序生婉謝其厚意,並告知願攜眷赴臺,再謀維生之途,林君遂購贈船票六張,給諸孩糖果及代金紅包,並特贈序生Parker自來水筆一枝,握手告別說:「你有一枝筆,我很放心。」如此深情,令人感動。

全家抵達臺灣後,借住叔父家中,適福建省主席朱紹良先生電召電報由京轉滬轉到台灣,堅約赴閩,序生遂隻身飛往,予率諸兒乘船隨去。朱告知部令其出長財政廳,序生堅辭未就,後改聘為專家顧問,借住其中學同學郭君休閒別墅。未幾,共軍迫近省垣,遂隨省府撤退差船返臺,借住前南京地政局科長、現任省地政局局長沈時可先生家中。不久,經友人李崇年先生介紹,借住某公尚未來台而預訂之房屋,遂為看管空屋,余等亦有棲身之處。其時劭兒覓得聯勤汽車修理廠技工一職,月領白米一百五十斤;承友好湯惠生先生委託,(1)序生審查若干有關地政土地方面文件,計件得酬;余則持中央主計人員遣散分發公文,赴省主計處報到,申請工作,分發民政廳擔任統計,一家三口得有收入。汝任、汝文轉入建中,汝吉考取臺大,生活始告粗定。不久,汝劭由教育部分發台南省立工學院電機系,因汝劭離開南京時,已是國立中央大學電機系二年級學生,故得分發轉學。

⊕ 　註　解

(1) 湯惠生,疑為湯惠蓀之誤。湯惠蓀當時擔任中國農村復興委員會土地組長,不久即協助推行三七五減租等土地改革政策。

　　未幾，因省府推行土地改革，實行「三七五」減租，成立「三七五」減租督導委員會，序生被聘爲委員，並主持其工作。其時教育部為安排一群住在「七洋大樓」逃離大陸來臺之流亡學生，由省府設立行政專科學校繼續學業，亦為培育日後國家行政人才，序生被聘為地政科主任，得領薪金，配住公家宿舍。不久，因校長辭職，序生接任校長，借省立工專上課，一無校舍，又無充足經費，而需教育一百數十名遠離親人，又不知如何生活下去之十八、九歲青年，責無旁貸，廢寢忘食，努力以赴，友好皆知，覓校址建校舍，聘請教授，全憑至誠至忠之用心，感動友好，多承相助。定期招生，校譽日升，學生人數激增，專校遂改為省立法商學院，又千方百計籌設夜間部，使專校畢業生有機會補修學分獲得學士學位。當時除少數出國或在國內繼續進修者外，多數畢業生都分發在全省各縣市基層行政機構工作，或在學校教書，序生定期前往各地探訪彼等，了解其工作實況，幫助解決困難，愛護、教導、鼓勵，無微不至，現今有多位是中華民國傑出的行政官長，有名的專家學者。

周一夔，法商學院院長。
資料來源：《省立中興大學民國53年畢業紀念冊》

周一夔院長接待訪客

資料來源：《省立中興大學民國53年畢業紀念冊》

周一夔在行政學系上課的情景

資料來源：《省立中興大學民國55年畢業紀念冊》

　　不久，法商學院與台灣省立農學院合併，改為國立中興大學，序生繼續擔任法商學院院長，在負責行政職務期間，均兼授課，並在國立臺大、政大、私立東海大學兼課，常說：「要教書才會用功讀書，獲得新知，以免落伍。」序生對都市發展、土地利用、都市計畫等方面有深度研究，曾為現代國民基本知識叢書，著《都市計畫講話》（民國四十一年初版）。彼認為欲適應世代潮流並謀國家發展，急須培育此一方面學術人才，遂向教育部陳說，獲准在法商學院設立都市計畫研究所，授碩士學位，自兼所長，並倡議成立中國都市計畫學會。為能多有時間從事研究，遂辭去院長職，專任教授，兼任經設會顧問，參加由聯合國派來各國都市發展方面之專家所組成之「都市及住宅發展小組」。美國房屋部HUD成立時，序生曾被美國國務院邀請，以專家身分參與此類房屋計畫工作，當時曾拜訪此一方面之專家學者與行政人員，提供甚多意見。曾行經二十七州，美國房屋部因需要東方人之意見，邀請中華民國、日本、菲律賓、印度等國專家參與，序生躬與其盛。序生經常代表政府出國參加學術會議，如聯合國文教組織會議即為其一。在國內參與內政部及臺北市都市計畫委員會，以學術觀點，實際情況，提供意見。大公無

私,為中國地政研究所、臺灣土地銀行研究室,著《市地經濟論》。年屆六十五歲退休,改任兼任教授,兼經設會顧問。五年後,民國六十五年(一九七六年)辭去經設會顧問與教職,赴美就養定居,專事寫作,與教育部國立編譯館訂約,編著大學參考用書,《人類環境學》、《都市經濟學》、《能源概論》及《美國總統列傳》等先後出版。(2)

　　序生旅居美國加州十餘年來,每日讀書寫作,參加華人教會,在多處有講臺服事,公車上向中國僑胞傳福音。序生原未信宗教,過去且因反對基督教而退學,但因任公職後,諸多感觸,遂傾向宗教,以求精神之解脫。自民國四十三年(一九五四年)蒙聖靈感動,認識真神,澈底悔改,謙卑接受救恩,信靠耶穌基督,深蒙主愛,給予力量,身心均有改變,充滿喜樂平安。彼極願將親身經歷為主作見證,希望多人均有此福分,每日定時靈修禱告讀經,從未間斷。身體一向健康,生活起居素有規律,心情愉快,為人謙讓淳厚,書生本色,孰料民國七十五年(一九八六年)九月竟患急性肺氣管癌,七十六年(一九八七年)八月二十三日歸回天家,安息主懷。彼將畢生精力貢獻國家,治學從政,盡心竭力,信主得救後,全心以神事為念,為主盡忠。當跑之路,彼已跑盡,所信之道,彼已守住。余深信有公義之冠冕將為彼存留,因此余亦心安理得矣。(周曹琛追思敬述)

　⊕　　註　解

(2) 周一夔(序生)先生的著作,另有辛晚教主編,《都市及區域計畫論文集》(臺北:中興大學都市計畫研究所,1993)。

貢穀紳（1920-2019）

民國 09.03.02（農）— 民國108.04.27

貢穀紳，時為昆蟲系教授兼主任。　　　資料來源：《省立中興大學民國52年畢業紀念冊》

屬於我的興大歲月——
專訪中興大學前校長貢穀紳⑴

採訪、整理：宋德喜、鄭筑庭⑵

I.中興大學前身—台灣省立農學院時期

　　1944年我自福建省立農學院植物病理蟲害學系畢業後，曾留母校母系擔任助教兼課外活動組主任三年。1947年承恩師羅清澤⑶主任推薦，周院長進三聘我為講師來校服務。我以能在台灣省立農學院擔任教職與能成為現在的中興人為榮。

　　當時農學院，設有先修班。其必修課程之一的生物學，就是我開始教書的第一門課程。第二年奉恩師的指示，改上農學院各系必修的植物學，那年暑假，常赴台北的林業試驗所及農業試驗所（現已在台中），蒐集台灣有關的植物學教材，編寫講義，投注不少心力，以為日後還有修改補充的機會。第三年，指定我改上另一門農學院各系必修課程的動物學。為了開動物學的教材與實習材料，常到台中醫院索取人體寄生蟲如蛔蟲等，在居家附近水溝、學校、市場、海邊……。編講義與實習指導……

真的，忙碌是幸福的，我從實際的工作中獲得書中所未記載的，何況我教過的學生也是我的，這份濃濃的師生情誼，只有我有。

民國36年（1947），貢穀紳（末排左一）與福建省立農學院同事合影，其恩師羅清澤（第二排左四）與師母易希道（首排左四）亦在列。

資料來源：貢中元先生提供

植物病蟲害學系有三年級學生時，必修有經濟昆蟲學、殺蟲藥劑、害蟲防治、昆蟲生態學，外系選修的有農業昆蟲學、農業藥劑、昆蟲與植病、養蜂等等。我都有上過，但都為期不久。

⊕ 註 解

(1) 民國79年（1990），貢穀紳校長曾撰寫〈校慶憶往〉，回顧43年中身經目睹的興大發展歷程，刊於校史專書《興大七十年》。其後有兩篇專訪，分別是民國82年（1993）林炯鈺的〈訪「退而不休」的貢穀紳校長〉，以及本篇（2012）。林文見《興大校友》，第2期，1993.11，頁47-49。

(2) 宋德喜，中興大學歷史系教授，曾任歷史系主任、進修推廣部主任、創新產業推廣學院副院長、總務長。鄭筑庭，歷史系碩士班研究生。

(3) 羅清澤（1906-1966），民國36年（1947）夏受聘來省立農學院，為首任植物病蟲害系主任。參蔡宗憲編注，《興大人物史料彙編（一）》（台中：國立中興大學校史館，2021），頁138-139。

在此期間，研究工作側重在稻作及果樹蟲害方面，尤以稻作螟害及香蕉假莖象鼻蟲生態與防治研究，最感興趣，亦最具成果。

承全院師長愛護，於1956年一月院內升等我為教授，並於同年三月二十九日，赴美國威斯康辛大學（University of Wisconsin）進修，因於教育部升等審查會開會前，已離台赴美，限於規定，暫予擱置。及至1958年春，我完成昆蟲學碩士及植物病理學碩士回台灣後，始審查通過為教授，獲頒第一九八號教授證書，深以為榮。

回校後，除擔任教學工作外，仍以稻作螟害及香蕉假莖象鼻蟲的生態與防治研究為主。

1958年秋，我很幸運，有緣參與陽明山革命實踐研究院第一期台灣省建設問題研究會，當時的省議會議長謝東閔是我參加的那一小組的組長。當時的73位議員，全是參加第一期台灣省建設問題研究會的，被分散在各小組討論有關問題。為期雖僅一月，但彼此間，情誼之深，勝如兄弟姊妹，對國事省政瞭解程度等得益良多，對我個人事業發展，影響尤鉅。

當年，亦常奉王志鵠院長指示，參與農業教育學系舉辦的各項活動。經寒暑假舉辦的農校校長、教務主任、農場實習主任等各班討論會後，對當時台灣農業職業教育概況，已有當了解。始於1959年八月，正式接受王志鵠院長頒聘的農業教育學系主任之職，對我來說是一項挑戰，也可算是我個人事業的開始。

關輔德，農教系主任。
資料來源：《省立農學院第八屆畢業紀念冊》（民國46年）

農業教育學系是1955年秋為台灣唯一培育農業職業教育師資設立的學系。在校修讀四年，在農校教學實習一年，共計五年畢業。學生為全公費，接受美援計畫，並有美籍顧問駐系參與作業。首任系主任是閻若珉教務長兼的，為期不久。第二任主任為關輔德教授，經其精心闢劃，制訂各有關規章、建系辦公廳，學生宿舍、教室、實習場所……奠定良好基礎。我參考世界各國訂定

可行於台灣的一套農業制度，亦被當局採納，並為農校編印適合時空的彈性教材、實習手冊、幻燈片、推廣農機具，促進台灣農業科學化，除編印有關各類小手冊以介紹農業新知與科技外，並定期發行內容頗為新穎充實的《農業職業教育輔導月刊》。聘請農校優良老師巡迴示範教學，寒暑假舉辦各種研討會等，因此結識不少農業教育界先進，也更瞭解台灣農業教育的癥結所在，各類建議，亦多被有關部門採納推行。畢業學生亦多能在工作崗位盡心盡力盡責，得各界好評，堪以告慰。如今農業教育學系雖不存在，但在本校發展史上，則佔有不可磨滅的一頁。

1954年秋，植物病蟲害學系，奉准分設植物病理及昆蟲兩組教學。1960年奉准提升為植物病理學系及昆蟲學系兩獨立學系。

首任植物病理學系主任，仍為羅清澤教授，秉性耿直，認真負責，熱心教育，關懷學生。凡受其教導，無不懷念，感恩終身。

首任昆蟲學系主任張書忱教授，為昆蟲學界前輩。採集昆蟲，跡遍全省，尤以天牛類科之標本最富盛名。惟接主任職後不久，即被遴派赴美國進修。

II.台灣省立中興大學時期

1961年七月一日，合併原有省立農學院及原省立法商學院，並增設理工學院，定名為「台灣省立中興大學」。以原省立農學院院址為校本部。農學院與理工學院設在校本部，法商學院仍在台北原址。

首任校長為林致平博士。首任中興大學農學院院長為李慶麐博士，承其推薦，被林致平校長頒聘我為昆蟲學系主任一職，同時我也辭退了農業教育學系主任的聘函（因為當時發了兩個系主任的聘函，都未接聘。）後因張主任赴美進修後，林校長一再托恩師羅清澤說項，始接昆蟲學系主任職。

我在農業教育學系系主任任內，也有協建昆蟲學系及植物病理學系兩系系館計畫，

張書忱，昆蟲系教授。
資料來源：《省立中興大學民國52年畢業紀念冊》

接昆蟲學系主任後，在任內總算完成了兩系的系館，也是值得欣慰的事。在系務方面，加強教學研究、推展合作計畫，增購圖書、添置儀器、聘請海外學人，製作有關教具、編撰鄉土實用教材。除一般教學外，特別加強重要蟲害防治研究，實地協助農民解決農作物的蟲害問題，由於全系師生員工同仁合作努力，克服諸多困難，亦得長官同事及各界好評與鼓勵，我對直接間接協助我工作的同仁朋友，心中永存感念與感激。

張書忱主任出國進修期間，昆蟲學由我自己擔任教學，直至張教授書忱留學回校，則仍由張教授擔任教學。承張教授書忱之鼓勵，我把昆蟲學講義再加改編，向農學院出版委員會申請准予為農學院叢書第二號，出版了昆蟲學上、中兩冊，下冊是在我屆齡退休卸下校長職務後編寫的，迄今仍被學習昆蟲學的學生作為主要參考書籍，深以為慰。

1964年秋，我有幸獲得富爾布萊德獎金之獎助，應美國國務院之邀，以客座教授名義，在美國佛州大學（University of Florida）昆蟲學系執教。

1965年春，內子雷洪音亦申請得佛州大學地理研究所入學許可，赴美進修，研究農業地理，修畢應修課程，以其勤奮認真、和藹、品學兼優，表現標準中國女性之美德，為全系所師生所稱道。

1965年秋，我復應美國農業部以獎學金名義，研究家蠅不育性藥劑試驗，獲得再度進修之機會，並於1967年完成博士學位。

在美期間，內子與我，同窗共硯，而三子一女在台，亦在高初中階段，一家六口，全為學生，幸賴仙岳父雷為霖教授，愛護鼓勵，不辭辛勞，全力支持照拂，我的全家能有今天，與他老人家當時投注之心力，關係至大。如今「子欲養而親不待」，撫今思昔，感慨萬千。

我在獲頒博士學位後，隨即整裝返台，在原崗位昆蟲學系，再執教鞭。研究工作仍以稻作螟害及香蕉假莖象鼻蟲之生態與防治為主，但研究層次則顯著提高，合作範圍亦由校內擴大至校外，並由國內擴大至國際間。同時，亦接受聯合國糧農組織之邀請，參加國際植物保護有關會議及專題研究。研究成果頗受國際植物保護人士所重視，後來我能被邀擔任台灣植物保護中心主任，深信與此期間的教學研究成果有關，在此期間，行

政院國家科學委員會聘我為研究正教授，於今仍感榮幸不已。

周恆，水土保持系教授兼系主任
資料來源：《省立中興大學民國59年畢業紀念冊》

　1970年，劉校長道元送聘我為農學院院長的聘函到我家裡，事前毫不知情，而我正在批閱當年全國大學聯合招生的生物試卷，人在台大的體育館裡，由內子雷洪音教授電話告知的。閱卷完畢到家看「院長聘書」，竟沒有應聘書的部分。隨即拜會劉校長，到校長室，還沒坐定，劉校長就說，兩位院長（係指李慶麐院長與宋勉南院長兩位）都推薦你，我請教劉校長，我應如何做起，劉校長說：「你先去問兩位院長吧！」我謝了校長，接下聘書，拜會兩位院長，請益有關事宜。……

　積累以往主持農業教育學系及昆蟲學系的經驗，深知院務推進，必須賴全院師生員工的合作，始覺有成。在我首次主持的農務會議時，就成立了院務改進委員會，由水土保持學系首任主任，也是水土保持學系創始者，曾兼訓導長多年的長者周恆教授為該會主任委員……。時值本校由省立大學改制為國立中興大學之際，也成了校務改進的原因，好在院務進行十分順利，至感欣慰。

III.國立中興大學時期

　1971年七月一日，奉命改制為國立大學。校長仍為劉校長道元教授。學校雖改為國立，但人事經費及教師升等辦法等，依舊沿用省立時期的。

　1972年八月，羅校長雲平接長本校，歷時三任九年。在此前，羅校長曾任省立成功大學校長有功，升調為教育部部長期間，對當時的教育應興應革事宜，多有貢獻，在其校長任內，無論硬體軟體，都有顯著進步。積極規劃校區，以不影響農學院各系之農場實習及田間試驗之正常進行為原則。為達到此目的，決定購置溪心壩土地（現為本校牧場）做為農場及試驗用地，始進行遷移校門、開闢道路、興建行政大樓、中正紀念圖書館

（後因地震受損嚴重，在彭作奎校長任內動工興建，至顏聰校長任內竣工的現在的圖書館，就是在中正紀念圖書館位置建造的），闢建中興湖、體育館第一期及第二期工程、男生宿舍、女生宿舍、教職員宿舍、學人宿舍……收購「中酒新村」房地及霧峰北溝農場土地……。台中校區有如此良好規模，湯校長惠蓀、劉校長道元及羅校長雲平三位校長，居功厥偉，對本校影響至深且鉅，令人敬仰。

1972年，教育部修訂各院系必修課程。有關農學院各系者，由本校負責，我有幸欣逢其時，因以結識更多的農業專家學者，對我後來工作推展，助益良多。

修訂結果，課程變動之大，為近年所少見。雖距離理想尚遠，但多方反應甚佳，堪稱為一次成功的課程修訂，亦獲得羅校長的嘉許。

為解決糧食作物研究所教學研究的空間（現已改為農藝學研究所），是當時農藝學系主任胡兆華博士向省糧食局申請補助的；為解決森林學研究所研究教學的空間，是當時森林學系主任張中和教授向林務局申請補助的，我們永遠懷念你倆的工作精神，足為我與後學者之表式。

胡兆華，農藝系主任。
資料來源：《省立中興大學民國59年畢業紀念冊》

張中和，森林系主任。
資料來源：《國立中興大學民國63年畢業紀念冊》

　　我要謝謝當時負責林管處的工作同仁及森林學系的教授先生們，守住幾塊林場，還打了幾次與林場發展攸關的勝利訴訟，也達到了少砍伐多種植的目的。還蓋了幾幢像樣的辦公廳與實習房舍，供教學研究試驗與學生實習之用。

　　到惠蓀林場道路也是交通部及觀光局的協助，才有現在的風貌。特別值得一提的事，是到惠蓀林場內溫帶果樹、溫帶蔬菜的試驗區的道路，是山地農牧局特別提前興建的，因為這條路不單是帶來了行的方便，還帶來了電力的供應，使得惠蓀林場及溫帶果樹蔬菜園區，一時大放光明。我一直以「永懷師恩」的心靈對待我的老師，我想我的學生對待我也是這樣的。為此你老師要向主其事者說「謝謝你，學校以你為榮」。

　　為充實圖書雜誌，曾向行政院國家科學委員會申請補助。承蒙允准購置農學院中藥有關期刊缺期，計新台幣二百萬元。在當時是一筆大的補助款項，也是第一次補助期刊缺期的款項。由於有關資訊不足，不但期刊缺期的單價不詳，連購置期刊缺期的處所也難聯繫。當時圖書館主任周效濂教授為此事著實花了不少精神，發出數以百計的函件，總算能在期限內完滿達成任務。國科會主其事者為中央研究院院士王世中博士，一再嘉許，並囑保存所有來往函件，以便日後採購期刊缺期之用。時至今日，資訊發達，此等原被視為極具參考價值的函件，該可擱置高閣了。

　　1972年夏，台灣省政府在本校舉辦台灣省暑期地方行政研討會。我應省政府主席之聘，擔任該會總幹事職。參加學員由全國各大學遴派大學生（限四年級），研究生及助教精英代表，共計一百名，為期一個月。因事屬初創，省政府極為重視。各有關單位，派有專人負責，詳加策劃，模擬各種情況，評估得失。真是計畫周詳，籌備齊全，各參與單位，亦合作無間。課程方面，有關民、財、建、教、

周效濂，森林系副教授、圖書館主任。
資料來源：《國立中興大學民國61年畢業紀念冊》

農……各主要地方行政問題，均有適當安排。取材適合時空，內容生動充實，講師均為著名學者專家，堪稱一時之選。研討時，有關廳處長省府一級主管及有關人員，均親自出席參與。討論熱烈、氣氛融洽、作息調配、緊湊有效、服務熱誠親切、學員亦感興奮，在惜別晚會時，無不熱淚盈眶，臨別依依，場面特別感人。除互助珍重外，也道出了他（她）們的心聲。他（她）們對政府為人民做了些什麼？為什麼要這樣做？得到更深一層的了解，也由衷的感激，敬佩政府與工作人員。以往受流言而導致的誤會，也因此消除，也增加了對政府的信心與愛鄉愛國的情操，對國家前途充滿無限希望。我除結識了更多的工作夥伴外，在處事與人方面，亦得益良多。雖已曲終人散，事隔數十年，我仍以能參與那次極為成功的研討會為榮。

在我主持農學院期間，各系所主任，各附屬單位主管，以及全院教授先生及工作同仁，均能各盡其責，付出一己之力，認真教學，努力研究，增加教學效果，提高學術水準，參與有關工作，加強建教合作，推廣試驗結果，不遺餘力。因此院譽日隆，同仁振奮。1970年，增設土壤學研究所，畜牧學系恢復為畜牧獸醫學系，並分設畜牧及獸醫兩組。1972年，增設森林學研究所，昆蟲學研究所，農業教育學系分設農業教育及農業機械兩組。1973年增設園藝學研究所，食品化學工程學系改稱為食品科學系。1974年二月，我辭卸院長職務。同年則增設水土保持學研究所及農產運銷學系，原畜牧獸醫的兩組則分別升格為畜牧學系及獸醫學系兩系。我對為農學院效力的同仁及支持愛護的友朋們，永遠感念在心，感激不已。

自我國退出聯合國後，聯合國也停止了在我國的所有活動。其設置在我國的植物保護中心，也受到影響。最高當局堅定「莊敬自強」的原則，負責農業決策及改進農業科技的前輩們，一再磋商，終於在羅校長的同意下，也答應了我的要求（工作地點仍在台中的情況），我辭卸兼職，專任教授，調至農業復興委員會，兼任技正，並兼植物保護中心主任。植物保護中心（就是現在的農業試驗所進門左側的第一棟樓房）亦設在台中霧峰。植物保護中心組織亦大加改革，以五年一期的專案計畫方式，由農復會（後來改組為農發會，現為農委會）、經濟部及省政府三機構組成管理委員會並負擔所有經費。自1974年夏，任職後，諸事順利，工作亦極具

挑戰性，並於1975年四月一日自中興大學退休，專任農復會技正兼中心主任，以符正式體制。後因中美斷交，農復會改組為農發會，我辭中心主任兼職時，承羅校長雲平關懷發聘，在第五次呈辭農發會技正，終獲李崇道主委批准後，於1981年二月一日，得以再執教鞭。我對羅校長雲平「發聘邀請」與李主委崇道「批准辭職」，內心感念與感激之情，實非我筆墨所能形容。我在植保中心期間，蔣故總統經國先生曾三度蒞臨中心，垂詢各節，訓勉有加，得以親聆教益，畢生難忘，深感榮幸。

我回校半年，1981年八月，李校長崇道接掌本校。承李校長聘我為本校校區長期發展規劃委員會委員，特別邀請列席行政會議，我得以參與本校發展實際規劃工作，對本校亦多了一層了解。對我三年以後的工作來說，就是實際的操練模式，得益良多。此情此思，永銘我心，感激不已。

我對我能再回校服務的機會，十分珍惜，尤其能在李校長的領導下繼續教學研究工作，更是難得。自忖該是最後的工作站頭，心情複雜，感觸良多。只有全力以赴，做好本位工作，冀能以實際成果回報愛護及關懷者。曾多次參加國內及國際學術性會議發表論文或工作報告，亦極受與會人士之重視。

空中大學創設之初，承校長李崇道博士推薦，應聘兼任台中學習指導中心主任，籌備有關事宜，工作雖稍感忙碌，但工作樂趣、信心及工作精神則與時俱增。與工作同仁朝夕相處，藉群策群力，克服困難，至今部分工作夥伴，尚有聯繫，時有歡聚，情同手足，尤感欣慰。

Ⅳ.接任校長時期

由於李校長崇道博士的推薦，教育部部長李煥先生的愛護提拔，於1984年八月十三日，承接校長之職，主持校務四年。我從1947年八月一日到校時為講師名義，也在1956年，學校升我為教授，但教育部頒發教授證時則是1958年的事。我從單純的教學工作崗位，轉移到有關教育行政的事也是在1958年，我被任命負責農業教育學系系務（四年），隨後，昆蟲學系主任（四年），農學院院長（四年），……。在李崇道校長主持校務期間又被聘為本校校區長期發展規劃委員會委員，列席學校行政會議等，對本校應興應革事宜，也頗了解。更幸運的是本校經歷任校長及全體師生同

仁的努力下，已奠定了良好的規模與基礎，我不過在原有的基礎上，與全體同仁共同努力，奉獻心智，有關詳盡，曾在中興大學創校七十年特別專刊《興大七十年》中，撰文〈校慶憶往〉報導。這裡只把幾件比較重要並與本校發展有顯著影響的事項，稍加說明而已。

貢穀紳校長
資料來源：《國立中興大學民國76年畢業紀念冊》

1.人事與經費：本校改制，由省立成為國立的。但自劉校長道元、羅校長雲平、李校長崇道，前後有十三年之久，人事與經費仍按省立時期的編制，對學校提升教學研究，極為攸關，難能培育優良教學研究人員，也影響聘請優良教學研究人員，更形成既不合理亦不公平的教師升等問題。經多次申述，終於准予在總名額不變的原則下，各階層教師名額可以彈性運用，此一改革，不但是對本校教師升等及教學研究人員的激勵等，具有深遠影響，同時亦適用於全國各省立改制為國立的大學（台北的師範大學、台南的成功大學……），解除了同樣的困難。准予改進的是毛高文部長，曾任清華大學多年，建樹良多……。我們永遠懷念感激你。

2.收購校內土地及校外土地：收購校內水利局的土地，也是劉校長所關心的。原因之一是湯校長惠蓀生前以「中興館」興建的大禮堂部分，土地是屬於水利局的。1966年十一月二十日，湯校長於視察途中辭世於能高林場（現為惠蓀林場），為紀念湯校長對學校之貢獻，將校方於1967年興建中的大禮堂名命為惠蓀堂，改能高林場為惠蓀林場，並建湯公亭，立碑以表追念。收購校外土地是在我任內建造四百米PU跑道田徑場時，發現羅校長任內建造的司令臺不在中央位置時，緊急與近鄰土地地主洽購部分土地（後來沿溪邊土地全部收購為校地）才有現在的狀況。加以種植花木，美化了整個區域，國內外來訪友人及四校校友，都給予極高評定與鼓勵，深信對學校發展，自有正面的影響。

惠蓀堂

資料來源：《省立中興大學民國57年畢業紀念冊》

　　3.台北校區中興大學法商學院建造教學大樓，與爭取遷建用地。在我任內，台北校區建造的教學大樓，包括校長辦公室、院長辦公室……等，樓高十層，每層佔有十二個教室大小的空間，為當時中興大學最大最現代化的建築工程，最具規模的教學與研究用的大樓。不但解決了法商學院教學研究空間不足的困境，改善了師長教學研究與學生讀書研究、社團活動……的空間，更重要的是大大提高了全體師生同仁，對學校的信心與愛心，亦大大增加了他（她）們個人發展，前途更好的希望。為搬遷台北校區法商學院，爭取校地，邱主席創煥電話問我要75公頃還是150公頃？還加上一個學校是75公頃，一個學校是150公頃，我還反問邱主席，我何時何地向你要一個學校的土地，不論多少，我們都感謝你。現在的台北大學學校校地，就是我們要搬遷法商學院用的。邱主席，我們永遠懷念你，銘記在心，畢生難忘。

　　4.林場地籍與界址（惠蓀、東勢、新化及文山四林場）：首先要謝謝羅校長問我「惠蓀林場在何處」，同時，羅校長接著說「遙指杏花村，在那裡」時，還做個手勢─食指比一比。（確實時間雖不記得，能確定的是羅校長主掌校務不久），因為當時林場常有盜砍情事，尤以惠蓀林場為甚。因林場當時沒有地籍界址，對盜砍訴訟問題十分不利。在以後我任院長期間裡，每年提出測量四林場地籍界址的費用，每年在行政會議審查預算前，羅校長總會親自送回有關申請測量費用條件時說：「今年經費很緊，請你先收回。」因此在我接掌校務後，請郭院長孟祥提出林場測量費用的案件，郭院長為測量費用事，親赴省政府測量大隊查詢後對我說：「大隊長是校長教過的學生。」我問郭院長費用若干，郭院長回答的不是費用多少，而是說「完成的時間」──「兩個星期內送來」。師生之情，深過東海，真是喜出望外，郭院長完成了我在院長任內沒有完成的事。大隊長，我以你為榮，謹代表中興大學全體師生同仁謝謝你，祝你步步高升，萬事如意。我以能教你為榮，我教過的書的學校也以你為榮。

　　5.改建惠蓀堂：現在的惠蓀堂，就是在我任內開始改建的。原有的已過保險期限，建在部分水利局的土地上，其結構與當年倒塌豐原高中禮堂同為力霸鋼筋混泥土……等，不堪利用而拆除，改建時，向教育部申請改建經費是為紀念蔣公百年冥壽的「百齡堂」。我破土興建後，屆齡退休，

繼任校長陳清義博士及全體師生同仁，咸認仍用原名更為適當，並蒙李總統登輝題字，更具追念之意。榮獲1995年普立茲克獎聞名建築師安藤忠雄於2007年蒞校演講，甚讚本校惠蓀堂之設計細密，建築氣派雄偉。擁有四千五百個座位，實屬難得，是當時總務長顏正平教授任內引以為傲建築之一。雖經921地震，仍完整無損。陳清義校長於惠蓀堂前牆刻石立碑中有「……前校長貢公穀紳籌設經費，躬自規劃……」等字句，「躬自規劃」實非我也。惠蓀堂亦已形塑為本校校園意象景點，個人亦深以為榮。

郭孟祥，農學院院長。
資料來源：《國立中興大學民國75年畢業紀念冊》

民國82年（1993），新建惠蓀堂落成。　　資料來源：《興大校友》第1期(4)

顏正平，水土保持系教授，時任總務長。
資料來源：《國立中興大學民國75年畢業紀念冊》

6.忠明南路中興大學段地下化：在1986年的一天淩晨，連接教官、總教官及顏總務長電話，告知本校一香港僑生，獨子，在忠明南路校區段，遭一輛小貨車撞倒身亡。此為明顯公共安全交通問題，學校應負全責。雖經多次申請改建車行地下道的議案，但未能如願。直至成功大學夏漢平校長在教育部會議中，提出成功大學的成功校區與復興校區間建車行地下道會議通過後，向夏校長請教申請有關事宜，承夏校長詳為說明，回校後即請顏總務長按夏校長說明，積極進行有關事宜，再度提案，改建車行地下道案在教育部有關會議中通過申請，准予改建車行地下道，工程費用五億元，1991年九月竣工。如今校園得免於被高速車流分隔，同時增加了將近八百米長，六十米寬的活動空間，兩邊圍牆拆除後，原被分隔的兩片校園，如今成為一體，全校園風貌，顯得更為光大壯觀。師生員工同仁在生活起居與教學研究工作的區隔間，來來往往，方便安全……，心情輕鬆愉快，省時省力，益增工作效率……。一舉數得，引以為慰。

民國77年（1988），忠明南路進行地下化工程。資料來源：《興大七十年》

7.提高行政服務率,加速完成資訊系統,擴大電腦中心,在台中校區原來僅有三台公共電話,增加到三十八台,設置中興大學電話專號(原來是2840)22840,可不經總機,直達多系所及各附屬單位,裝設傳真機,台中、台北兩校間文書事務處理大為改善。規定星期六下午(當時星期六上午有上班上課)只開電腦教學運用課,鼓勵全校師生同仁選讀……,提高行政服務……的效率,也是引以為榮的事。……有緣再說吧!

我自1947年夏以講師名義來校服務,至校長屆齡退休期間,身經目睹學校的發展,變遷與進步。我個人與家庭,亦隨著學校的發展,在穩定中成長,對中興大學產生了長遠深厚的情感。我衷心感念與感激所有愛護我的友朋、師長、各級長官以及生我育我的父母,只有用我在本位工作、盡心盡力盡責的成果來做報答。天下沒有不孝的兒女,就看做父母的如何教導;也沒有不成材的學生,就看做老師的怎樣做。人貴自立,事在人為,每個人的命運操縱在自己的手裡。幸福美滿不是求得到的,也不是買得到的,是用自己的智慧能力創造出來的,美好的明天是今天的努力結果。種瓜得瓜,種豆得豆;一分耕耘,一分收穫,決無不勞而獲的。現在的中興大學的成就與榮耀是歷任校長與全體師生員工同仁及畢業校友同心協力,奉獻心智的結晶,是屬於全體師生員工同仁及畢業校友所共有共享的。在我任內能完成以往未結案件(應做而未做到的事),是得力於我的學生與校友協助才能完成的。我以能為中興人為榮,也以畢業校友都能在工作崗上盡心盡力,發揮「誠、樸、精、勤」的中興精神為榮,更以身經目睹中興大學的變遷、發展、進步更進步為榮。

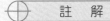

註　解

(4)《興大校友》，第1期，1993.6，封面內頁照片。

(5)《興大校友》，第22期，2012.10，頁58-64。

我的父親 —— 貢穀紳校長

貢中元[6]

貢中元，電機工程系主任。
資料來源：《省立中興大學民國86年畢業紀念冊》

平凡的校長

從來沒聽過父親有當校長的念頭，聽到父親當上中興大學校長的消息，著實有些意外。父親在校內歷任農業教育學系主任、昆蟲學系主任及農學院院長職。從院長任內，借調到農復會，以技正名義兼台灣植物保護中心主任，再轉調至農業發展委員會。上述職務轉調都是任期未滿，父親毫無怨言接受新職務的安排。唯有退休前回到學校教書，做個沒有行政負擔的老師是父親一再堅持要求的心願。本想專心出書論著，很意外在近退休之年，被教育部徵召出任校長職務。對一個沒有任何背景的人，如何當校長，而且是一個大家稱讚的校長，是我一直想要瞭解的。

親切型的人

父親早年喪父，十二歲（在武進縣立奔牛高級小學畢業後）就離開江蘇老家，跟著大伯（端紳）到福建。後來念工業職業學校，及福建農學院都是靠公費，再加上半工半讀，才能完成學業。

註　解

(6) 貢中元，興大電機工程系教授，民國83-87年為系主任。

民國36年（1947），貢穀紳任職於省立農學院時的教員資格審查履歷表　資料來源：貢中元先生提供

　　父親生活非常簡樸，身上穿著有很多是十幾、二十多年前的舊衣物。傢俱也都是幾十年前的，有些還是他親自修補過的。母親多次提及要更新，父親卻堅持能用好用即可，不必多花費，母親也只好順他了。他對公物十分珍惜。早年在農教系主任任內，配有三輪車一輛，父親從未坐過。父親常騎腳踏車去辦事，至今仍然如此。

　　我們兒女輩也常勸父母不要太省。父親的名言是「用錢最怕沒有盤算，該用則用」。但是父親對自己的「該」字是訂得很嚴苛的，然而對上代尊長却很慷慨。父親十分孝順，第一次出國打工節餘六佰多元美金盡數寄給大陸祖母，而家計則全靠母親教書維持。這一筆當年可以買下興大前一個店面的錢，使祖母避免了文革時被鬥爭的命運。伯父身體欠佳時，亦一直給予經濟支援。三十多年前，以三萬多元賣掉一塊現值上億計的柑橘園，到佛羅里達完成博士學位。十多年前在校長任內，為專心校務，不聽母親勸阻賣掉國光大別墅，這些都是我們茶餘飯後調侃父親沒有財運的話題。可是父親總是笑笑，不很在乎。

父親十分好客，常常請些同事朋友到家裡打點小牙祭。父親善於講寓言故事、說笑話，使得場面十分溫馨。其實父親在家裡，大部分時間是當配角的。父親隻身來台，母親方面，家庭背景很好，但很能適應環境為家庭勞苦。我們十分懷念我們的外祖父。我們一家全是學生的時候（父母親在美進修，我與姊姊和兩位弟弟亦在高、初中階段），由於外祖父的愛護與鼓勵，不辭辛勞，全力支持。母親亦為支持父親能安心完成博士學位，毅然提早趕回台灣照顧我們，才有今天令人稱羨的局面。父親在家是從不談公事的。父親做人成功的地方，就是沒高調，不強出風頭，講講雋永的小故事。大部分時間默默的、關心的聽聽他人意見，是一個典型的親切型人物。

八二三金門砲戰後，在美求學的父親急忙束裝回國，放棄了在威斯康辛大學可以到手的博士學位。在當時，是有點令人不解的。金門砲戰距大陸撤退不過七、八年的時間，許多人對戰事仍有驚弓之恐，做再逃難的打算的大有人在。父親從沒有打算接我們到美國，人卻匆匆忙忙的回國，似乎是有一點不智。不過現在看來，父親是一個熱愛鄉土富愛鄉情意的人。我們屢次要幫他辦理留美居留，他都拒絕了，他認定台灣最好。

父親回國後，不久即被任命負責農教系系務，這可算是我父親事業的開始。

對國家的貢獻

台灣光復初期，農業是最重要產業，極需培育全新觀念的農業科技人才。因此在省立農學院（興大前身）時期，四十四年秋，設立了全國僅有的農業教育學系。為當時台灣各縣市四十三所農業職業學校培養不少教師人才，也充分提供有近代化農業素養的農會人才。農教系學生在校修讀四年，農校教學實習一年，共計五年畢業。學生為全公費，並接受美援。父親參考世界各國訂定一套可行而合於國情的農教制度，實屬不易。

五十年秋，學校改制為省立中興大學，父親接昆蟲學系主任職。積極籌建系館，聘請海外學人，編撰鄉土教材，加強重要害蟲之防治研究……克服了當時許多的困難。

　　五十九年秋，父親接農學院院長之職時，正值本校擬改制為國立大學之際，配合學校發展計劃及時代需要，訂定農學院教學研究發展計劃。在教學研究，各系發展，大多能按原定計劃進行。研究所系之設立，建教合作之推行，研究成果之推廣應用，……農、林、牧場及其他附屬單位配合教學研究之改進，均有具體表現。

　　父親在系任及院長任內還參與辦了幾次全國性的農業教育有關的展覽會，以及地方行政研究會等。在當時是上新聞頭版的大事，亦頗得好評。

　　父親對國家另外一件重要貢獻是主持台灣植物保護中心期間，配合國策，積極推行有關研究。對提高我國植物保護工作之國際地位及建立我國長期安全、經濟有效、方便實用的植物保護技術與制度，均有深遠影響。隨後，父親被調職到由農復會改制後的農發會，參與訂定有關的農業政策，付出不少心力。

　　父親對校內貢獻甚多。在中興大學創校七十年特刊《興大七十年》中有詳盡報導。父親接掌校務後，力求校內人事的和諧、合作，並爭取各界的支持，本「開誠布公，集思廣益」的理念，與全校師生員工共同處理發展校務。並借重才俊校友，擔當重任，一時有「校友治校」之美譽。

　　校務工作重點則是：提升教學研究風氣；提高行政服務效率；提振學生愛系、愛院、愛校精神。父親籲請全校師生員工提供良策，力求改進。

　　父親對於系所增設的努力目標是：「系系有研究所，所所有博士班」。在主持校務四年期間，增設糧食作物研究所博士班、食品科學研究所博士班、物理學系、化學研究所、經濟學研究所博士班、昆蟲學研究所博士班、應用數學研究所博士班、理工學院分為理學院與工學院，理工學院電子計算機中心奉准改為一級單位、糧食作物研究所改名農藝學研究所等。研究所的增設，與博士班的開辦，理工分設為兩學院等，對本校教學與研究水準的提升，裨益甚大。

　　學校的各項工程，校地擴充，以及校區環境整建等，也是父親努力的重要方向。父親任內校本部完成或發包施工的重要工程，計有化學館第

一期工程、資訊科學大樓、獸醫學系館興建工程、新建教職員宿舍、新建女生宿舍、工程科學大樓、惠蓀堂改建工程等。台北校區教學大樓亦於其任內完工，樓高十層，為當時最具規模的教學與研究大樓，亦解決了法商學院教學研究空間不足的困境。對於多年未能結案的工程，例如游泳池（體育館第一期工程）、機械工程學系館實習工廠、三號水塔等計十四項之多，能一一予以合法處理，不但解決了多年未能驗收的懸案，也及時發揮了該工程應有的效益。

父親整理擴充校地，編列預算，將校區內所有水利地（其產權為台灣省水利局）以及體育場南邊沿溪的土地全部收購為校地，使校區土地可以自由利用，不再受到任何牽制，不但順利完成了四百公尺跑道現在的局面，也對學校的長遠發展，幫助很大。台北校區面積狹小，發展困難，經多次申請，教育部終於同意另覓新址，以利發展。

特別在教師升等制度方面，父親也做了合理的改革。為了改善教師升等受高階名額限制不合理的制度，父親多次向教育部申述，希望能在總名額不變的原則下，各階教師名額可以彈性運用，終獲教育部同意。此一改革，對本校教師升等及教學研究的激勵，也具有深遠的影響。父親對所有努力工作同仁之辛勞與對學校之貢獻，至今仍感激不已。然而，父親最引以為傲的還是忠明南路地下道工程。

有所為，有所不為

父親常常被誤認為是一個易於溝通的好好先生，其實他很能擇善固執。如忠明南路地下道工程重要，還是一棟巍然聳立、樓板面積一萬坪的教學大樓重要？他認為學生安全第一，但為了學生上、下體育課，進出宿舍的安全考量，父親顧不得其他教學大樓工程，執意地優先編列一個「看不見的地下車道工程」預算。如今校園免於被高速車流分隔，同時也多了近八百公尺長、六十公尺寬的活動空間。如果晚了二年動工，地方民意一定會有強大的反對壓力，台中市政府不可能配合完成此項工程。

民國81年（1992）五月，忠明南路地下道完工，舉行通車典禮。剪綵後，前校長貢穀紳（左一）、校長陳清義（右一）與觀禮貴賓步行通過忠明南路地下道。

資料來源：黃天久先生提供

　　父親對學生佔總數一半的法商學院十分重視，常常不經意的提到法商學院不應該獨立建校。文、史、理哲是所有傳統大學的基礎。沒有法商學院的大學很難成為一流大學。台北法商學院，政經人脈資源富，行政資源齊備，對台中校區而言，在今日交通便利，通訊快速，做校長的，並不必南北奔波，也可兼顧。父親為中興大學整體設想，對台北大學的籌備，並不同意，但也無能為力。

　　他是個好校長

　　父親當校長，我個人一直都認為對父親而言是一個重大的挑戰。尤其興大校內人才濟濟，有許多學識淵博且具行政長才的資深教授與更多的年輕才俊，都有問鼎校長的實力、資歷及人望，還有許多政務官儲備人才適於任職校長者，如改制後歷任校長林致平、羅雲平、李崇道等人，皆有豐富的行政資歷。因此執掌興大校長之職，對父親而言自然是件極非尋常

的事。我覺得父親的優點是謙讓、豁達，頗能本「開誠布公，集思廣益」理念，多請教，多信任，多鼓勵，肯接納大家的意見，善於結合大家的力量，靠大家合作相助，共同推動校務，克服困難，解決問題。父親另一個成功因素是母親負責家庭，支持父親專心工作，無後顧之憂。我們有時也會說爸爸定以校為家的。可是父親總是說：「最主要是靠各級主管與全體教職員工們給予的幫助和共同努力才有的成果」。父親感激在心，銘記在心。

我自己從工業界到學校任教後，才真正體會到大學校長是不容易當的。基本上國內公務員多獎而少懲，只加而乏減。大學教師的社會地位崇高，思想自由，標榜求新求異的創新精神。校務會議代表，更可充分發言和評論；在校務會議與行政會議上常常看到主席無奈無辜的表情，在這種場合，謙虛讓代表們做主角，共同檢討得失，力求改進。只有親切型樂於當配角的主席才能凝聚共識，更能成功。

退休生活

父親退休生活過得十分充實而愜意。每天早上五點起床聽過新聞後，曙光一出，就打掃庭院和巷子，然後到校園內運動。沿途常常對早起散步者打個招呼，其中有許多不是興大同仁。父親仍然一如往常十分關心注意校園內行的安全。若陰溝蓋沒蓋好，樹枝擋路或是施工後鋼筋石塊不當突出物等等，父親都會自己隨手放好一點或告知校方改善。卸任校長十多年後，我還可以聽到街上鞋匠、修車師傅、照相館老闆，稱我父親是一個好校長，是一個古意人。

貢穀紳偕同夫人雷洪音返回母校福建農林大學（原福建省立農學院），參訪「省立農學院紀念館」（2012）
資料來源：福建農林大學耕德網

貢毅紳伉儷與興大教授黃振文（前排左二）、葉錫東（前排右三）、杜武俊（後排右二）等人參加兩岸學術研討會。（2012）

資料來源：貢中元先生提供

　　父親有機會時仍然勤於聽學術演講，參加各項審查評審會議，以及海峽兩岸學術交流研討會等，人人都說父親精神真好，健步如飛。父親於退休後埋頭寫完了《昆蟲學》下冊的鉅著，這本書因任職校長而晚了十多年才完成。在家中（沾水在舊報紙上）勤練書法，同時還擔任中國美術協會理事長推廣有關藝術工作。最近受老弟（貢三元）的鼓勵，開始練習打高爾夫球。看到父親騎腳踏車，拿著一支球桿，到草地上，對著空心球揮桿，他老人家悠然自得認真的景象，也值得一書。父親是屬猴的，前幾年，父親生日時，我送了他一個猴子打高爾夫球的石膏作品。父親十分喜歡這個戴鴨嘴帽，認真打球的老猴子。父親快三十歲從廣播中開始學習英文，四十五歲到四十七歲左右，才攻讀博士學位，將近退休之年才當校長，八十歲開始學習時髦的高爾夫。他常說活到老學到老，果然他的確還學到不少。

　　坐在電機系館東側（舊的農業教育大樓）的研究室寫這篇文章，很容易的將時光倒流至四十年前。當時父親為農教系系主任，得到美援機構

的資助，蓋了這一棟目前仍然新穎大方，堅固實用的建築。如今農教系已轉型為農機系等系所，電機系接用舊農教系館，一切表現中興大學有進步，但還需腳步加快一點。

父親現在每日仍在寫作，休息時做做院子，看看兒孫照片。他很得意有三男一女（都已成家立業）九個孫輩，還有老媽隨伴，做些他喜歡吃的小菜，兩老談談過去、未來。他以長孫即將完成博士學位為榮；他也以畢業校友都能在工作崗位上盡心盡力，發揮誠樸精勤的中興精神為榮；他深以身經目睹中興大學的變遷、發展、進步更進步為榮。

不過父親給我最深的印象，還是戴著斗笠拿著捕蟲網出差的樣子；再來就是早上起床聽英文廣播，朗朗學語，一生都是努力不懈的。暑假他還想學媽媽跟孫子到史丹福大學旁聽一些課程呢！

原本編輯囑我以二代中興人的觀點為《興大校友》刊物寫一篇文章，寫來寫去，只寫出了父親生平素養及性格與不辭辛勞的精神。這些應有助於了解父親推動校務的理念。父親除了親切節儉外，還能洞燭先機，凝聚共識的能力，與不斷學習，充實自己，才是父親真正成功的地方。謹以此文敬祝父親八十大壽，永遠健康快樂。

錄自《興大校友》第9期(7)

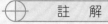

註　解

(7)《興大校友》，第9期，1999.5，頁56-61。

張研田（1910-1986）

張研田，時為教務主任。

資料來源：《台灣省立農學院第三屆同學錄》
（民國41年）

張研田先生事略

民前 02.06.24 － 民國 75.05.18

張研田先生，河北省樂亭縣人，民國前
二年夏曆五月十八日生。翁諱春林，誠懇待
人，敦親睦鄰。母韓太夫人，知書達禮，樂
善好施，鄉里稱賢。先生幼承庭訓，賦性端
謹，和善篤實，不吸菸，不飲酒，讀書寫作
之外，無任何不良嗜好，生活簡樸而有度。

先生早歲畢業於國立北京大學經濟系，及負笈東渡，進入日本東京
帝國大學研究院，專攻農業經濟，來臺後又曾再赴美國史丹福大學糧食研
究所及夏威夷東西文化中心研究，並先後於中央訓練團、實踐研究院及國
防研究院受訓。

方民國二十五年時，先生在日
本完成所學，即束裝歸國，應聘為
河北省立農學院教授。抗戰軍興，
中央在陝西籌辦軍校第七分校，乃
於二十七年西行投效，先後任該分
校政治部教官、科長及少將副主任
等職共七載。繼於三十二年轉任軍
事委員會戰地青年就學就業輔導處
少將代處長。日寇投降，該處奉令
結束，轉任第一戰區長官部黨政處
處長。三十六年，奉調西安綏靖公
署民事處處長。在此期間，復兼任
國立西北大學教授及西安重慶黎明
日報董事長。

宋勉南（左）與張研田（右）合影於農經系水池
前，畢業紀念冊中學生戲稱二人為「台柱」。

資料來源：《台灣省立農學院第七屆畢業同學紀念冊》
（民國45年）

來臺後，初受聘為省立臺中農學院教授，旋復受聘為國立臺灣大學教授、訓導長、農學院院長等職。五十四年，以學人從政，出任臺灣省政府委員兼農林廳廳長，其間曾先後連任中華農學會第十三及十四兩屆理事長。五十八年，晉升經濟部政務次長，三年後堅辭獲准，改調臺灣糖業公司董事長。同年因中日斷交，成立亞東關係協會，被推選為該會首任理事長。迨六十九年自臺糖公司屆齡榮退，即專任亞東關係協會職務。七十三年五月，以健康不良懇辭，俾資靜養，而以部分時間處理原已兼任之財團法人明德基金會董事長職務，致力推展各項社會文教工作，以迄於今。

民國57年，經濟部長李國鼎（左二）偕同省農林廳長張研田（右一），由魚池茶場場長謝和壽（右二）陪同視察大雁示範區。

資料來源：《謝和壽先生紀念集》

先生於擔任省立臺中農學院教授並兼主管教務期間，協助院長推展院務，延攬知名學者任教，充實圖書設備，擴充系所與改進教學，育才甚眾。在臺灣大學近三十年任期中，以作風平實，學識淵博，深獲莘莘學子之愛戴，校園充滿祥和氣象，校譽蒸蒸日上。復曾促成該校與美國加州大

學暨密西根州立大學合作，對我國教育之提升，績效卓著。在農林廳任內，奉行中央農業四年計畫，就提高農業生產力、供應工業原料以支持工業發展、拓展外銷作物市場等三大目標，全力以赴，使農民所得大為提高，生活大幅改善。在經濟部任內，行政院公布「加速農村建設重要措施」，為當時農政之導向，蓋先生主持精心籌劃之具體獻策也。此外復加強與世界農業落後國家洽定農技合作協定，增派農技團隊協助改進友國農業，從而增進外交關係，馳譽國際。在臺糖公司任內，經常巡視各生產單位實際業務，對於員工工作精神之激勵，收效甚宏。八年任期中，砂糖產量年有超額，且曾突破百萬公噸大關而創臺灣光復以來四十年之最高紀錄，對國家經濟成長，貢獻至鉅。在亞東關係協會任內，各方配合得宜，得以突破中日斷交後之重重險阻，乃能有今日實質關係之局面。

　　先生秉性閑靜少言，好學不倦，公務繁忙之餘，輒抽暇埋首於學術之研究，數十年間，讀書著述，未稍間斷。其寫作發表於中英文報章刊物者不下數百篇。論著印行者計有農業政策、經濟學教程、戰時經濟學以及近年出版之臺灣土地政策（英文）、日本土地改革（英文）等，均風行一時。至其參與中華民國經濟發展策略研究計畫中，主持農企業之發展專題共十三篇章，成為我國經濟發展策略叢書之一，允為一生研究實踐心血結晶之力作。

張研田夫婦在台中（約民國40年）
資料來源：金石堅先生提供

　　先生二十四歲與吳宣晨女士結婚，(1)抗戰軍興，同赴西安，相偕參加軍中工作，甘苦共嘗，感情彌篤。育子二，長曉芒，海軍官校畢業，次曉飛，美國紐約大學生物學碩士，均已成家立業。夫人來臺後，初任教於省立嘉義女中，旋辭職隨夫遷居臺北。操持家務之暇，課授來臺外籍學生以華語，並在臺大旁聽其所喜愛之文史課程，孜孜向學之精神，有足多者。七年前，不幸因心疾猝發去世。先生自遭喪偶之痛，抑鬱寡歡，益以年事漸高，體力衰退，遂引發巴金森氏症。初僅不良於行，尚無大礙，不意去秋十月間傾跌折骨，經臺大醫院醫師手術後住院療養。其後骨傷部分雖告痊可而積疾則轉漸加劇，羣醫會診，藥石無功，終告不治，於七十五年五月十八日下午一時三十分溘然長逝，享年七十七歲，悲夫！

　　綜觀先生一生，持躬嚴謹，待人至誠，自奉儉約，廉介剛毅，居家薄飲素餐，不改恬淡之樂。至其學識淹通，忠黨愛國，志節堅貞，勳望卓著，固彰彰在人耳目也。友好等遽聞噩耗，悲痛之餘，謹述其生平概略，用誌哀思。

錄自《國史館現藏民國人物傳記史料彙編（第8輯）》(2)

註　解

(1) 吳宣晨（1911-1979），國立北平師範大學教育系畢業。中華網論壇2010/09/17有篇〈揭秘吳光偉事件：延安第一美女出走臺灣之謎〉，其中吳光偉就是吳宣晨，又名吳莉莉，該文指出吳光偉在延安擔任美國記者艾格妮絲·史沫特萊（Agnes Smedley，1892-1950）的專職翻譯，與毛澤東、朱德等多有接觸。

(2)《國史館現藏民國人物傳記史料彙編（第8輯）》（台北：國史館，1993），頁292-294。

憶 亡 妻　　　張研田

張研田夫婦相偕從軍抗日
資料來源：《追憶集》

　　我與吳宣晨女士於民國二十三年三月一日在北平結婚，於今已逾四十五年。結婚不久，我去日本留學，妻留北平教書。其後中日戰起，我倆雙雙從軍，隸胡宗南將軍麾下，我曾任中央軍校第七分校教官，政治部副主任及戰區黨政處長等職，妻則任軍事委員會戰幹第四團政治指導員及第七分校政治部編審等職。計自蘆溝橋事變起，至大陸撤退為止，中經八年抗戰，四年剿匪，我妻均隨我于役軍中。來臺後，我在臺中省立農學院任教，她在家中設館，教授外國學生國語國文，並在美國國務院所設之華語學校兼課。民國四十四年我轉任臺大教職，她隨我遷來臺北，仍收外國私人學生，人數比在臺中時為多，包括外國駐華大使及其夫人等。美國各大學聯合華語中心（即史丹福中心）成立後，又在該校執教，直至六十歲退休為止。

節錄自《追憶集》(3)

註　解

(3) 張研田，〈憶亡妻〉，《追憶集》（台北：時報文化出版事業公司，1979），頁7-8。

湯惠蓀（1900-1966）

湯惠蓀校長

資料來源：《省立中興大學民國54年畢業紀念冊》

湯惠蓀先生行述

民前 12.02.28 — 民國 55.11.20

湯公惠蓀，以字行，江蘇崇明人，歷世耕讀。長兄頌九先生，畢生從事教育，有聞於時。先生居幼，生於遜清光緒末季，性聰悟，幼承家學，長就外傅。初入江蘇省立第一農校，學業冠羣。繼而負笈東瀛，以求深造，入日本鹿兒島大學農科，民國十年以高材生畢業。返國後，曾執教於山東農業專門學校。民國十五年，任國立北平農業大學教授。

先生傾心革命，以當時國民政府已建都南京，乃決然南下，任國立浙江大學農學院教授，時民國十六年秋也。先生在校，循循善誘，甚得院長許叔璣先生所推重，以叔璣先生負當時農學界重望，少所許可，獨能稱許先生者，以先生之學行兼優，為之青睞也，故先生亦服膺許氏，終身不衰。

民國十八年三月，任豫陝甘三省農務處處長，時中原初定，民風未開，農作不振，先生悉力以赴，冀以改良農業，而圖革新，旋以戰伐頻仍，不得遂其心願，深引為憾焉。先生鑒於世界各國農業之進步，乃西遊歐陸，先在德國柏林農業大學及德國農林研究所研究，繼越英倫海峽，入英國牛津大學農業經濟研究所研究，前後約三年，學驗益富。民國二十二年夏回京，八月任中央農業實驗所技正兼農業經濟組主任。中央政治學校地政學院初建，蕭青萍先生任院長，輒攬先生以教授主持研究室。先生與蕭先生在德建交，同道相投，均抱改革我國土地制度，實現平均地權，以復興民族為己任。在京糾集同志，組織中國地政學會（中國土地改革協會之前身），發行地政月刊、地政周刊，以興起國人對土地問題之注意，苦心孤詣，共相唱和，此為先生從事地政之鵠始。厥後三十餘年，對地政之勛績，與實施之成效，先生饒有足稱焉。

湯惠蓀，民國23年（1934）執教於
中央政治學院。
資料來源：《湯惠蓀先生紀念集》

二十五年，曾應江蘇省主席陳公果夫之召，借調南通學院農科主任。抗戰軍興，東南陷落，我政府西遷巴蜀，先生乃隨之入渝。出任雲南大學農學院院長，籌措院務，頗具規模。蕭青萍先生創辦雲南建水實驗農場，先生主其事，蓽路藍縷，甚費經營。卅二年秋回重慶，任國立政治大學地政系主任，兼國防最高委員會經濟專門委員會委員。中央地政署建立，先生任副署長，對地政業務，更多所策劃，各省均設立地政局。

三十五年春，聖戰勝利，東還金陵，政府鑒于地政之重要，乃將地政署擴為地政部，先生任政務次長，時中央及各省之主持地政者，均為先生之僚友門生，一時推行稱盛。時共匪燎原，中國土地改革協會曾建議政府，實施農地農有政策，以遏亂萌，先生極主張之。

中原播越,先生來臺,任中國農村復興委員會土地組長,前故副總統陳公辭修時主政臺省,見于大陸之禍敗,共匪以分田分地,煽動農民,為安定此復興基地及繁盛農村之大計,乃起而實行三七五減租,繼而公地放領,先生多所贊助。四十一年臺灣農地總歸戶,由先生設計與主持,督率全國從業地政同仁五千餘人,日以繼晷,不辭勞瘁,未一年而厥功告成,乃有四十二年耕者有其田政策在臺之全面實施,順利推行,輝煌成果。故臺灣土地改革之成功,農民得以豐衣足食,十餘年來世界各國咸景仰慕效者,微先生辦理總歸戶于先之力不及此。

四十七年起,復在臺南縣仁德鄉與屏東縣萬丹鄉,試辦農地重劃,為本省全面之土地重劃,樹其先聲。繼改任農復會農民組織組長,加強全省農會組織,而力求其健全。

先生曾于卅八年被聘為行政院設計委員會委員兼土地組召集人,四十四年被聘為光復大陸設計研究委員會委員,對於光復大陸後土地及農業重建之設計,貢獻良多。

五十二年,今省主席黃公達雲主政之初,即挽先生出長臺灣省立中興大學。先生在校,躬親力行,在安定中求進步,在平實中求發展,改進校務,不遺餘力。雖以將屆七秩之大年,猶孜孜不倦,不知老之將至,故校譽蒸蒸日上,先生對教育之熱摯,殊堪欽敬焉。

本月(55年11月)二十日,先生偕校之同事,巡視能高實驗林場,見杉木蓊葱,心甚怡悅,以此乃先生手所計劃之林圃。不意以登高勞形,突發心臟病,眾遂興先生入埔里榮民醫院急治,下午四時,竟與世長辭,享年六十有八,傷哉!先生為人清廉耿介,治事忠勤,待人和藹,無疾言厲色,然自奉儉約,頑廉懦立,信有足多者。夫人沈蕙英女士,持家節儉,款待周至,與先生相得益彰。長子于光,留學在美,次子于山,卒業臺灣大學,即將出國深造,女于天亦就讀臺大,均得以世其志業。

先生著作宏富,時散見于各雜誌報章,其《臺灣之土地改革》一書,(1)尤見譽于國內外學者。先生於四十二年,曾赴美國威斯康辛大學,參加世界土地制度會議。四十三年,赴曼谷參加糧農組織亞洲遠東地區土地問題會議。五十年參加拉丁美洲農業考察團,遍訪中南美國家。五

十二年,參加菲利濱(菲律賓)土地改革訪問團。五十四年秋,赴吉隆坡參加農民組織及社區發展會議,今(55年)夏,赴羅馬參加世界土地改革會議,均能有所發揮,載譽而歸。今何天不憖遺,哲人其萎,泰山梁木,哀感愴懷,殊可上為天下慟,而下哭其私也。敬述先生生平厓略,以告世之君子。

錄自湯惠蓀先生訃聞(民國55年)(2)

湯惠蓀校長陪同省主席黃杰巡視校園
資料來源:《湯惠蓀先生紀念集》

⊕ 註 解

(1) 湯惠蓀編,《臺灣之土地改革》(臺北:中國農村復興聯合委員會,1954)。

(2) 本文亦收錄於《國史館現藏民國人物傳記史料彙編(第1輯)》(臺北:國史館,1988),頁480-482。湯惠蓀先生的生平,其夫人湯沈蕙英撰有〈傳略〉一文,與多篇親友同僚的紀念文,輯為《湯惠蓀先生紀念集》(台北:湯惠蓀先生紀念集編印委員會,1967),讀者可參看。

敬悼　湯校長　　賀主伯[3]

賀主伯（左）與實驗林管理處主任劉業經
資料來源：賀永芳女士提供

　　民國五十五年十一月十九日上午八時，湯校長、農學院宋勉南院長、陳振東教授、蘇夷士教授、實驗林劉業經兼處主任、教育廳鮑家聰股長、郭穉雲專員、農學院謝汝範秘書、我和蔡司機等分乘兩輛小車，從學校往埔里前進。宋院長還兼充司機，車行一小時許便到了本校所屬能高林場植物園。我們此行之主要目的是視察能高林場之造林工作。在埔里辦理入山手續、購買菜蔬，然後吃飽午飯，十二時許又繼續向眉原方面前進，下午二時抵達咖啡園，大家下車視察，湯校長詳細垂詢今年咖啡採收情形，與咖啡之培育情形。旋即再上關刀溪能高林場辦事處，車抵達後略事盥洗休息，便視察苗圃及板栗造林地。

　　是日天氣晴暖，置身山間翠綠叢林裡，舉目顧視猶如身在水晶宮，個個精神輕鬆，乘車之疲困全散。晚飯時湯校長吃了二碗半飯，他說這裡的飯真好，比在台中多吃一碗，飯後沐浴完畢，先由劉兼處主任報告近年來實驗林之經營情形，然後討論今後之經營方針，湯校長始終態度和藹，精神愉快，神態自若，對實驗林之前途表示樂觀，勉勵大家繼續努力，話至十時半大家帶著愉快的心情進入夢鄉。

　　二十日我起床時，見校長們多人手握著茶杯，在外面聊談，我請他早安，他回答說夜裡睡得很好，早餐時他吃了兩碗半粥還加了一塊麵包。八時大家一行十三人向小出山第二〇一號造林地登山前進，關刀溪海拔約七百公尺，目的地約一千二百公尺，去時一路屬上山路，路面坡度雖不太大，對於少走山路的人，是件艱苦的行距，六十三歲的宋院長

註　解

(3) 賀主伯，曾任中興大學林管處研究發展組組長，本編亦有傳。

近三年共走過五次，他開玩笑地說：「我們今天只要走五百公尺路」，湯校長也笑了。行時湯校長一路問前次（五十三年十月）來時，劉教務長走到何處折返？左院長又在何處回頭？沈院長走了多遠？他自己走到何處止？湯校長還記得上次來時在一株剛栽植一年的板栗樹旁曾拍照，他又站在那株樹旁要求再給他照像，他還說上次是人比樹高，此次是樹比人高了。似乎感到非常的得意，引人想起十年樹木，前人種樹的美麗遠景。

視察的路線是：從板栗造林地開始，接連便是去年的肖楠、杉林造林地，並穿過日本時代民國十九年時栽植的馬尾松林，再次是今年之杉木造林地。走到此處時，已行一小時許，約有一半路程，俯視關刀溪之房屋已很小，苗圃是一片整整齊齊的方塊地，遠眺北港溪更是一幅美麗的畫景，仰望對面便是台灣有名的八仙山。此時湯校長亦與大家一樣，享受著「登高遠眺」的樂趣，我選了一株採伐後的杉木大樹頭請他坐下休息，大家吃著橘子欣賞山景，校長吃了一個半，我告訴他：此處已走過了他上次來時的路程，並問他累不累？他很高興地說：「我已將腳上的『雞眼珠』刮掉了（他昨天下午洗澡後刮時，我要替他刮，他說別人刮會痛），不痛也不累。」從啟程至此之路途中，宋院長、劉兼處主任、陳教授、鮑股長、洪場主任都與校長談了許多話，他均聽得津津有味，並不時發問。

休息一陣後，仍繼續登山，這時我們在民國二十三年日本人栽植的日本扁柏林內穿越，林木雖然不太大，然而很密，地上什草灌木很少，別有一番景象。此時雖是艷麗晴暖天，但林內僅有點點陽光，這一段路之路面比較峭陡而彎曲多，大家都關心他走不走得動？他仍說可以走。扁柏林的盡頭便是二〇一號杉木造林地的邊緣。預定在此再行休息。

民國55年11月20日，湯惠蓀校長（右二）視察能高林場的最後留影。
據賀主伯先生註記：「此照片原為彩色，當時放大成黑白片。」

資料來源：賀永芳女士提供

　　走出扁柏林之際，頓覺氣象一變，由蔭暗處到光明地，眼界一亮，
造林木欣欣向榮，山風陣陣而涼意侵人。此時為十一時，湯校長比我先
到數步，我一到便向謝秘書說話，沒有留意到校長，大家所擔心的是怕
他在行走時跌倒而發生意外。據聞湯校長一到二〇一號杉木造林地，便
問此是那一年的造林木？陳教授回答是五十三年栽植者，同時洪場主任
問他：「要喝茶？咖啡？還是開水？」他坐定在一樹側的石頭上笑著回
答說：「我要咖啡！」語畢即俯身向前昏倒在地。此時大家都到齊，個
個恐懼而緊張，慌慌張張地不知如何是好！沒有誰知道，這是何病徵，
高血壓症？心臟病？腦貧血症？因而不知如何急救。我們首先將校長扶
起作適當的按摩，並遣人速返關刀溪辦事處拿藤椅來抬，同時著人往眉
原派出所打電話至中原、埔里求救，更有人往埔里向台中報告。

　　當派人下山求救時，唐季銓先生、江添漢與我三人，相互搭作安樂
椅狀讓湯校長靠躺著，我們祈求用三人的體熱，溫暖他，使他舒服些，

能甦醒過來，然而湯校長在我們的懷抱裡始終沒有動彈，亦沒有呻吟，臉色蒼白，沒有表情，並不恐怖，呼吸脈搏都很輕微。至下午一時十五分，我們用藤椅抬著下山，在未到關刀溪的途中，李士維偕同一位山地衛生所的羅醫師趕到，注射強心針，下至關刀溪馬上坐汽車往埔里走，由蘇教授、唐先生和我護送。車行至中原，三時二十分時，碰到李用才先生偕埔里榮民醫院杜百鈞醫師搭計程車專程趕來急救，又在車裡注射一針。四時廿五分到達埔里榮民醫院，以氧氣急救。至四時四十一分再診視時，朱集賢院長宣佈心臟停止，謂係腦貧血而引起心臟麻痺致死。啊！天呀！校長！您就這樣沒有一聲呻吟，沒有一語叮囑地走了！還有陳教授與莊來住到埔里向台中學校報告後，省府黃杰主席也來電話，囑榮民醫院努力救治，劉道元教務長來電話說熊鼎盛主任秘書馬上搭直昇機來看護，他們那裡知道您竟如此快速地仙逝了！

唉！校長！您的逝世使我們感到非常的内疚、迷茫。登山時如果準備有坐「轎子」的藤椅，當您走累時坐著抬上去，是多好啊！但是就是預備了，您會不會坐呢？因為前次您來登山時，已經準備過，您都不願坐。今年省議員們來山上視察時，又曾準備，亦無人坐用。這次我們沒有預備，竟生不幸。又大家一路上問您累不累？能不能走？你都肯定可以。難道您故意忍耐著？啊！您可忍耐得過度了！以致失去了生命。不！校長！您沒有死，您已將「中華文化復興運動」與「百年樹人」的種子，高高地播散在一千二百公尺的高山上，偕同八仙（指八仙山）遨遊去了！是！多美好！多偉大喲！可愛的校長，我們崇敬您！永遠。您安息吧！

寫於湯故校長逝世後三日深夜

附註：

中興大學全體教職員生和能高林場員工，對湯故校長之逝世甚為悲慟，擇定十二月二十五日於台北市舉行公祭和大殮，是日我與洪場主任率領員工於能高林場小出山，湯故校長視察造林木時，坐定昏倒之地點及時間（上午十一時五分）備香燭青果悼祭。以表哀念，而慰校長在天之靈。

錄自《興大校友》第16期(4)

緬懷興大第二屆校長湯惠蓀先生　　王慶光(5)

中興大學升格後第二任（民國52年6月—55年11月）校長湯惠蓀先生去世四十年了，緣於惠蓀先生盡心校務，貢獻良多，最後因公殉職，「盡瘁流芳」（當時總統蔣介石輓額），長久以來備受學生與教職員的懷念，故本刊製作專輯，表示崇敬，永誌弗諼。作者擬從學歷與經歷、對中興大學校務的貢獻、人格風範三側面介紹惠蓀先生：

惠蓀先生的學經歷

湯惠蓀先生（1900-1966），諱錫福，字惠蓀，以字行。江蘇崇明縣人。世業農，父嘉祉公，繼承先業，粗通文字。民國前十二年二月二十八日生，容貌酷似天資聰穎、十八歲去世的長兄，父母特鍾愛之。年甫四歲，嘉祉公辭世，與次兄錫祺（字頌九）、兩姊均年幼，全賴母氏方太夫人鞠育。先生七歲入私塾，十歲入西鄉小學，十二歲升入高等小學四年級，民國元年十二月畢業，時年十三歲，考入南京市江蘇省立第一農業學校。在校四年，對農業化學較有興趣，畢業後留任助教，於分析化學如土壤肥料等之分析特加注意。民國六年冬，東渡日本，次年春考入日本鹿兒島高等農業學校，初，專攻農業化學，後校方不許，乃改習普通作物（稻作）。民國十年畢業，遍歷日本各地，考察農業實驗與農業科學之設施。回國後，初任浙江省農事實驗場種藝科長。未及半載，轉任江蘇省第一農校教職，兼農場主任，獲校長支持，設稻作實驗場，蒐集國內百數十種稻種，育苗選種，為國內稻作育種之先聲。惜未及兩年，前後任校長有東西學派之爭，不得不離去母校，其經營數年的稻作實驗，亦毀於一旦。經此打擊，遂改變志向，專攻勿須固定場地與設備的農業經濟。

民國十九年春，復回浙江大學任教。是年秋季，奉校方派遣，赴歐洲考察，請求延長期限至德國遊學。赴德後，於冬季初識蕭錚（青萍）先生於柏林，介紹惠蓀先生進入柏林農科大學農業經濟研究院，從艾力貝（F. Areboe）教授研究農業經營學。其後，轉往丹麥、比利時、荷蘭、

瑞士、法國、英國等地考察農業。在英國時期,並至牛津大學農業經濟研究所聽講一學期。二十一年十月考察期滿返國,回浙大農學院執教。

民國二十三年,惠蓀先生任南京市中央政治學校地政學院教授。「國防設計委員會」派赴西北陝、甘、青、寧、綏等省考察農業。二十四年,中央政校、中央農試所派赴川、黔、雲三省考察農業與地政。二十六年,抗日戰爭起,隨中央政校西遷,輾轉至重慶。二十七至三十二年,在雲南建水縣設立墾區、擔任雲大農學院院長、中央政校地政系主任。勝利之後,三十五年,出任地政署副署長;三十六年,出任地政部常務次長;三十七年冬,任「中國農村復興委員會」(簡稱農復會)土地組組長,輾轉於川、閩、兩粵及台灣各省,協助政府推行農地減租工作,實施土地改革。

民國三十八年,大陸陷共,隨農復會來台。自三七五減租、公地放領、地籍總歸戶及實施「耕者有其田」,無不悉力以赴。四十七年,試辦農地重劃,在台南舉辦示範區,此為台灣實施農地重劃的先導。四十八年,轉任「農復會農民組織組」組長,致力於農會之輔導工作。五十二年,台灣省主席黃杰先生邀請惠蓀先生出掌中興大學。(註1)

惠蓀先生對中興大學校務的貢獻

民國五十年,政府鑑於台灣北部及南部均設有公立大學,而中部尚付缺如,為謀各地區的均衡發展,並提升高等教育的素質,於是年七月一日合併原省立農學院及原省立法商學院,並增設理工學院,以三個學院組成一所完備的大學,定名為「台灣省立中興大學」。以原省立農學院為台中校本部,農學院與理工學院在校本部,法商學院仍設原址。此即本大學成立的由來。首任校長由林致平博士擔任。五十年十二月,林致平校長赴美接洽太空科學事宜及講學,為期半年,五十二年六月,林校長辭職,由湯惠蓀教授繼任校長。

註　解

(4) 本文撰寫於湯校長逝世後三日,並發表於校刊,後收入《湯惠蓀先生紀念集》,四十年後又轉載於《興大校友》。前後文字有些差異,本錄文以《興大校友》版本為主,並參酌紀念集版本校訂。見《湯惠蓀先生紀念集》(台北:湯惠蓀先生紀念集編印委員會,1967),頁106-109;《興大校友》,第16期,2006.10,頁14-15。
(5) 時為中興大學國際政治研究所通識教授。

湯惠蓀校長　資料來源：《省立中興大學民國52年畢業紀念冊》

　　湯惠蓀校長曾在水稻育苗、農民記帳、農地重劃等實際操作方面有
精博經驗，又廣歷中國西北、西南考察農業地政，更與歐美農業經濟學
的權威學者與土地改革專家請益溝通。可謂學、經歷完整，智慧之頂
峰。湯校長主持校務，當時的教務長劉道元先生、訓導長王天民先生，
總務長馮小彭先生（先）、廖士毅先生（後），主秘熊鼎盛先生，法商
學院院長周一夔先生（先）、左潞生先生（後），農學院院長兼農經系
主任宋勉南先生，理工學院院長齊修先生（先）、沈百先先生（後），
俱一時之選，鼎力襄助，校務蒸蒸。惠蓀先生本「安定中求進步，平實
中求發展」之原則，他擬定長期發展校務計畫，逐步推行，一方面致力
擴充系所，並增設附屬單位；一方面積極從事各項重要建設。

　　在擴充系所方面，五十三年八月，增設水土保持學系、機械工程學
系、法律研究所；同年，並與私立中國地政研究所合作，在本校設立地
政研究所。於五十三年九月，奉准設立法商學院夜間部，分設法律、行

政、地政、社會、經濟、會計統計、工商管理、合作八個學系。五十四年八月，增設中國文學系，此為日後本校成立文學院的嚆矢。五十五年八月，工商管理學系改稱企業管理學系。附屬單位的增設：於五十三年增設農業推廣委員會與機械實習工廠，前者隸屬農學院，負責農學院各系所教學、研究、推廣的聯繫工作；後者隸理工學院，為該學院機械工程學系學生的實習場所。

自五十年至五十五年期間，台中校本部已完成理工學院大樓、木工實驗室、植化館、植病館、昆蟲館、森林館、水土保持館，以及教職員、學人、女生宿舍等。台北校區也建築教職員宿舍、惠蓀南樓等。

改制大學之初，學校當局幾經考慮，乃將能高山林場（實驗林場）移轉省政府林務局掌管。湯校長到任後，有鑑於實驗林場對農學院無可替代的重要性，決定向省政府請求，使能高林場物歸原主，並擬定五年改進經營計畫。在開源節流、艱苦經營之下，數年之間成效卓著。此為湯校長任內的重要貢獻之一。

本大學的校訓與校歌，於民國五十四年五月二十八日經第76次行政會議通過。校訓訂為「誠樸精勤」四字；校歌莊嚴雄壯，由湯惠蓀校長親自作詞，名聲樂家李明訓作曲。「校訓」代表一所學校的立校精神，經由耳濡目染，對學生行為當可發揮潛移默化的功效；「校歌」具有凝聚全校師生情感的功能，透過教導全校學生習唱，對校園倫理的加強，可發揮一定程度的作用。本校校風淳樸，師生關係和睦，或與此校訓與校歌有關。（註2）

民國五十五年十一月二十日，惠蓀先生視察本校實驗林場（能高山），至海拔一千兩百公尺第201號造林地時昏厥（11時5分），同仁等急以藤椅舁下山，中途換車，至埔里榮民醫院救治，未料以貧血而引起心臟麻痺而不治（16時41分），享壽67歲。劉道元教務長繼任校長，明令禮堂、林場以惠蓀先生之名，以為紀念。（註3）

湯校長擬稿的週會講話，因為他的猝逝而成絕響，我們恭錄惠蓀校長這最後遺稿如下：

校風是一個學校的傳統精神，是保守的、不變的風格。這種風格

由高年級傳到低年級，由畢業生傳到在校生，息息相通，一脈相接。世界上有名的學校，其保守淳樸的校風，培養出無數的優越人才。

遺稿中的「保守」是保護持守。諸位校友都曾在芬芳校園裡「藏焉，修焉，息焉，遊焉」（《禮記・學記》），為這一「淳樸校風」所薰陶；經四十年來歷屆校長繼續經之營之，保護之持守之，它終於積澱為興大的「傳統精神」。興大藝術中心主任陳欽忠教授珍惜惠蓀先生深具遠見的這份叮嚀，曾以行草體楷書寫出全文，並附簡釋。（註4）

惠蓀先生的人格風範

給惠蓀先生最具概括性的描述，應屬「和氣呈祥，與人共甘苦，負責和篤實」這三句話吧。（註5）惠蓀先生門弟子，或崇拜其為人氣度，或景仰其學識智慧，或推崇其事功業績，對恩師治學與交往的親自接遇，化為紀念篇章。茲集錄若干文句，嘗試摹繪惠蓀先生畢生一貫之人格風範，使後學「仰之彌高，鑽之彌堅」，這豈非「誠樸精勤」校訓的人格化詮釋？

誠

李潤榮：湯師最使我們懷念的是他的和藹待人和誠實。古書上說：「誠則靈」、「誠則明」、「誠則金石為開」，很多人表面上誠懇，所做實在與誠距離太遠，唯有我們的湯師表裡一致，內外如一。（註6）

樸

陳人龍：湯先生為人常拙於謀己。自己既不會理財，也不事積蓄。偶有餘力，輒舉以助人。所以在農復會工作了十五年，除買了一座日式房屋給自己居住以外，其他毫無居積。這座房屋，在他出掌中興大學後的第三年，不幸也不得不出售，以補貼家用，他對此竟毫無怨懟。（註7）

精

林詩旦：回憶我在中央政校地政學院的時候，即民國25-26年間，在教室聽湯師授課時，看他挺健的身軀、和藹的態度，講授時，析理那麼精闢，深入淺出，絕無一句模糊不清，我們可以一字不漏的紀錄下來，每期完畢全部整理後，就是一本精博完整可以付印的講義。（註8）

李昌槿：湯先生主持政大地政系時，親自講授「農業經濟學」一課，湯先生以經濟理論闡釋農業生產、消費、市場及所得分配等方面，立論嚴正，分析精密，衡諸時下坊間所出農業經濟叢刊，尚無其右者。（註9）中國農學家從事農民家計調查，應以湯先生在南京地區推行農家記帳為嚆矢，可謂極具遠見。因不獨對其本身之經濟情況有確實之瞭解，同時於國家辦理農村經濟調查的時候，也可以提供翔實可靠的資料，政府根據這些資料，制訂農業政策，必能對症下藥，收獲實效。（註10）

勤

熊鼎盛（主任秘書）：先生長興大三年又半，對人誠厚，治事忠勤，深得省府及教廳之信賴，校內同仁，無論舊雨新知，皆相處甚得。先生對於重大校務，每博採眾議而後決行……先生住台中教師會館，辦公時間之後，每因公務，常與劉道元、王冀陶、宋勉南、朱渾清、呂陶知諸先生相過從，談至深夜不倦。先生在任內最後二年中，因年事已高，曾數度請辭，但先生對於校務從未因此而有絲毫之鬆弛，且一切措施皆為學校做長期打算，從不圖個人一時之便而作權宜處置。先生之勤慎清廉，同仁甚稱道之，而先生則以此為其本分，從不自矜。先生以全副精力為學校工作，公而忘私。……余自民國四十年起即追隨先生，至興大之後，更朝夕不離，彼此關切甚深，惟談公務之時多，而言及私生活之時甚少。（註11）

熊鼎盛，主任秘書。
資料來源：《省立中興大學民53年畢業紀念冊》

惠蓀先生的家庭成員：夫人是湯沈蕙英女士。長子于光、次子于山、女兒于天。

湯于天說：「媽堅強勇敢，有理智有熱情，您去了，帶給她沈重的打擊，夠她承擔了。她對每一件事的處理，都有著極理智的判斷和決策。她對您那份深長的愛，只要從她經常背了別人在流淚，我就領會得到。幾十年來，她要讓您專心於國家大事，她從不把家務事煩擾您。」（註12）

湯惠蓀、湯沈蕙英夫婦合影於台北市雙城街寓所（1955）
資料來源：《湯惠蓀校長逝世四十週年紀念 校史文物展專輯》(6)

湯于天記載惠蓀先生給她的座右銘：

「一條波浪滾滾的大江，總是向著東流，流向海裡去。但是遇著一陣逆風，像倒流的，實則還是日夜不息地向著海裡流去。」

錄詩人泰格爾，喻我國文化的巨流，勉天兒以堅定的意志自強不息。

惠蓀　五十一年六月八日於台北。（註13）

結語

回顧是為了前瞻，緬懷前哲加強願景的亮度。但願這個紀念專輯堅定興大人的意志，使興大淳樸校風永續開拓，如「一條波浪滾滾的大江」它從一個側面透露湯校長畢生能自強不息超越逆境的自況。

附註：

1. 湯惠蓀先生紀念集編輯委員會，《湯惠蓀先生紀念集》，1967.11.20。湯沈蕙英，〈湯惠蓀先生傳略〉，參閱該書頁1-6。此書內容：遺像、總統輓額、副總統輓額、褒揚令、黃主席題字、李敬齋先生題字、劉金約先生題字、傳略、遺墨、生前留影、喪葬照片、紀念圖片、紀念文（長官、朋友、同仁28篇、報章雜誌5篇、門生13篇、家屬2篇，共48篇）、祭文、輓聯、輓詞、誄詞、寄發唁電、致送花圈、祭品、賻贈台、治喪紀要、後記。全書總計378頁，極具史料價值。

2. 陳清義校長主編，《興大七十年》，1990.12，黃秀政先生，〈第一章：創校沿革〉，頁37-54，此見頁44。

3. 蕭錚（青萍）先生為我國土地改革運動一位傑出的泰斗，在其晚年出版的《土地改革五十年：蕭錚回憶錄》（中國地政研究所出版，1991），頁534-545記載青萍先生與惠蓀先生感人的深厚情誼，增加我們對惠蓀先生積勞成疾的認識：民國五十五年六月，聯合國之糧農組織（F. A. O.）召集世界性之第二次土地改革會議，余為中華民國代表團之首席代表。其餘代表為湯惠蓀、潘廉方、馬寶華、陳人龍、沈時可等五人。此項大會在羅馬舉行，第二組，湯惠蓀與陳人龍參加，……湯惠蓀兄對會議仍深熱誠，在第二組中頗多發言，予與惠蓀兄分屬兩組又分寓二庭，故見面較稀。惟於會後偶一相值，見惠蓀兄形容甚是憔悴，曾勸其多加珍護……伊之意甚為堅決。會後赴歐美各國環遊。余自美返國，不久惠蓀亦歸，深喜其旅途平善，惟惠蓀似憔悴愈甚，余詢其故，伊謂旅途過勞，而在西班牙失去一箱其中藏有多年之日記。……惠蓀在台北小住數日，即赴台中辦中興大學事，蓋伊近年長中興大學，甚為負責，常孤身寓教師會館中，久不返家也。是年地政節（十一月十一日），惠蓀仍抽身來會，並在特刊上發表〈自羅馬世界土地改革會議論土地的涵義〉一文。……惠蓀多年來之觀點，往往與余若合符節。……會議假座土地銀行十樓舉行，由湯兄頒發本會土地改革獎學金，湯兄神采煥發，說明獎學金之意義，遂于聲樂中頒發獎金，並留影紀念。不謂此即為湯兄最後一次之與會也。……伊告予次晨即返台中。不料十一月廿日晚間六時許，突接台中來電話，謂惠蓀兄在台中逝世。青天霹靂，不知所措。立即命購機票或車票，擬趕赴台中一視究竟。數分鐘後，證實其事，始悉由視察大學林場，心臟病突發，逝於山上。余即赴其家……伴同送遺體至殯儀館。在晨曦中返家，似做了一場惡夢，情緒紛亂，更不能安睡，作了一首悼詩，勉吐所悲：「卅年土革共趨馳，為國忘身信有之，篤行如君同贊仰，疏才似我托相知。台農得地功居首，興大化風惠滿枝，樹木樹人原不朽，撫棺一慟淚連

況。」……湯兄不僅為余四十年舊交，且為土地改革協會之原始參加人之一，共同為土地改革奮鬥者歷卅年。湯兄之死，其於土地改革前途損失之大，有不勝其言述者，於今雖已歷時數年，於余猶有悲痛之感也。

4. 陳欽忠教授，《文學與生活：陳欽忠書法集》，2004，頁80-81。

5. 《湯惠蓀先生紀念集》，1967，陳人龍，〈悼念 湯先生〉，頁136-139。

6. 《湯惠蓀先生紀念集》，1968，頁143。

7. 陳人龍，同註5。

8. 《湯惠蓀先生紀念集》，1968，頁131。

9. 《湯惠蓀先生紀念集》，1968，頁128。

10. 《湯惠蓀先生紀念集》，1968，頁127。按，民國22年夏，先生任中央農業實驗所技正，並主持農業經濟科。

11. 《湯惠蓀先生念集》，1968，頁187。

12. 湯于天，〈爹爹，我忘不了您〉，收《湯惠蓀先生紀念集》，頁181-184，此見頁183。

13. 湯于天，同上，此見頁182、惠蓀先生這幅墨寶參見於《湯惠蓀先生紀念集》，「遺墨」，頁8。

註 解

(6) 宋德喜主編，《惠風樂育‧登上頂尖：湯惠蓀校長逝世四十週年紀念 校史文物展專輯》（台中：國立中興大學‧2006）‧頁24。

(7) 《興大校友》，第16期，2006.10，頁8-13。

湯校長惠蓀

黃乃隆[(7)]

　　湯校長，江蘇崇明人，留德，國際知名的地政學家。曾任內政部次長、地政署長，國立政治大學地政學院院長、農復會農民組長等職。對台灣土地改革與農會組的建立，貢獻卓著。五十二年林校長辭職，由湯公繼任。他質樸誠摯，溫柔敦厚，待人虛懷若谷，辦學則開誠佈公，務實踏實，不喜多言。「興大」校訓「誠樸精勤」，即係湯公所訂定。此四字，是湯公最好的寫照。我對他的第一印象，也是如此；相處愈久，愈覺可敬可親。

　　湯校長蒞任不久，發現興大已成立兩年，仍未編印學校概況，不知是誰向他推荐，請我負責編寫。哪時我未兼行政職務，較有餘暇，欣然同意。我花了兩週編成，主任秘書熊鼎盛，大為驚奇。隔數天，他約我同去見湯校長，湯公對我編寫之快速與完備，大加讚揚。熊主任曾簽請校長由學校酬謝編輯費，我當予婉拒，並謂：「我以教授身份為學校効此小勞，深感榮幸，倘接受酬勞，則一錢不值了。」他也不再相強。

　　劉教務長推荐我兼圖書館主任時，湯校長特約我一談。曾趁此機會提出我對圖書館的興革意見，並請求圖書費專款專用，勿移他用。他欣然同意，明快而果決。後因館內發生不愉快事件，我堅決求去，他親自到我住處慰留；於了解內情和我的決心後，十分諒解，同意我於學年終了時卸職。其情已在本書他處詳述。

　　我離開圖書館不久，湯公邀請我兼學校「知青黨部」書記，我內心對此十二萬分不願意，但因辭圖書館主任一事，感到歉咎，只好勉強接受。由於此職直接對他負責，我們在一起晤談和開會的機會增多。湯公遇事博採眾議，無論個別商談或主持會議，他總專心地聽取他人的意見，讓每一個人暢所欲言，各抒己見，最後才由他作成裁決，從不獨斷獨行。

註　解

(7) 黃乃隆（1921-1997），興大歷史系教授，曾任課外組主任、出版組主任、圖書館館長、訓導長等職，撰有《憂患的歲月——七十憶往》（台中：作者自印，1996），其生平可另參蔡宗憲編注，《興大人物史料彙編（一）》（台中：國立中興大學校史館，2021），頁105-111。

一年之後，我實在不想繼續擔任此職，要求湯公准我辭卸，他很感為難，表情相當痛苦。我遂建議他請總教官兼任，為一勞永逸的上策，理由如次：

（1）總教官對黨務有經驗，必能勝任愉快。

（2）總教官可運用教官協助推動工作，無異為黨部增加多義工，解決專任人員人手不足的困難。

（3）軍人絕對服從，不致經常「請辭」。

（4）倘由教授兼任，均難具有上述條件，則難久於其任，不勝困擾。

湯公認為此意甚好，只是中央黨部希望由教授兼，難以抉擇。我告訴他「台大」已有此先例，他一聞此言，頗為振奮；當決定採納我的建議，自此成為定例，果真「一勞永逸」。

五十五年十一月，蔣總統倡導「中華文化復興運動」，中央社記者約請湯校長撰文響應。他因公忙，請我代筆，遂於當晚草就，二千餘字，翌日上午送去，他閱後非常滿意，謂我們兩人所見皆同。一字未改，即派人送中央社，第二天在《中央日刊》刊出。兩天後，他在台中裝甲兵俱樂部餐廳邀請各處、院主管餐敘，我也應邀參加。入席後，他首先舉杯向我說：

> 黃先生，日前你代我撰寫響應總統號召「文化復興」一文，言簡意賅，寫得很好，我喝杯酒向你謝謝。

謙虛誠摯，令我感佩。他哪晚興緻很好，談及他家鄉—崇明的情形，張謇在南通辦的實業、教育，他自己早年求學的生活，台灣的土地改革，最近赴歐考察的見聞，興大未來的發展等等，滔滔不絕，迥異往常的沉默寡言，大家感到訝異。也許是酒興使然，但平常他很少喝酒。

第二天是週日例假，他卻偕林管處同仁到興大實驗林—埔里林場關刀溪察看造林的情形。步行到海拔一千五百公尺高處，突發心臟病，倒地不醒，送醫急救無效，溘然長逝。噩耗傳至學校，許多同仁痛哭失聲。前晚在裝甲兵俱樂部的宴會，竟成為「最後的晚餐」。當時反常的

湯惠蓀校長在台中教師會館留影
資料來源：《湯惠蓀校長逝世四十週年紀念 校史文物展專輯》

健談，難道是一種徵兆？其聲音笑貌，猶在我腦中迴盪！興大忽然失去如此難得的好校長，真的無法彌補。

湯公在臺北大殮公祭日，我趕往參加，瞻仰遺容，只見他安祥平靜地躺在棺木裡，就像睡著了。生死一頃間，竟是幽冥永隔！他逝世七天後，依習俗，由劉代校長率各一級主管和我到他生前住宿的「台中教師會館」對面常去用餐的小館子「做七」，藉表追思之意。哪餐館竟如此簡陋破舊，只有佈滿油漬的餐桌四張，幾條板凳，桌上放置筷筒、醬油瓶等。販賣的菜餚只有魯肉片、蛋、魚、青菜、豆腐、豌豆而已。顧客多為計程車司機、工人等，當我們進入說明來意後，老闆大為驚訝，他竟不知以前經常光顧、唯一穿西服的顧客，竟是一位大學校長！幾不敢置信。他告訴我們，湯公最喜歡點的幾樣菜是：煎蛋、豌豆、小白菜、豆腐湯，偶然也會叫一盤魚，很少吃肉。他以為是一位小公務員或小學老師。我們也點了湯公愛吃的幾樣菜，觸景傷情，難以下嚥。他任興大校長時，家屬仍在台北，遂暫時租住台中教師會館。據該館管理人員說，湯公有早起散步的習慣，生活如此簡樸儉約而有規律，殊不多見。典型在夙昔，益令人肅然起敬。

台中教師會館始建於民國50年（1961），86年（1997）時交由
臺中高農經營，更名為臺中高農實習旅館。103年（2014），臺
中高農與興大合併，成為興大附農。

資料來源：張豐吉攝影（1962）

　　湯校長因公殉職，是政府遷台以來大學校長中繼台大故校長傅斯年
之後第二位，驚動了蔣總統和台省主席黃杰。鑑於湯公生前功在家，又
爲興大鞠躬盡瘁，典型足式，特別囑咐劉代校長妥爲料理後事，並應有
永久紀念措施。學校於湯校長殉難處建「湯公亭」，呈准將「埔里林
場」易名爲「惠蓀林場」，將校本部生前籌建的大禮堂—「中興堂」，
易名爲「惠蓀堂」，於五十六年落成。法商學院則將湯公生前興建的兩
座二層樓房命名爲「惠蓀南樓」、「惠蓀北樓」。這些身後的哀榮，也
足以稍慰湯公於地下了。

錄自《憂患的歲月——七十憶往》(8)

◯　註　解

(8) 黃乃隆，《憂患的歲月——七十憶往》，頁418-421。

賀主伯（1924-2019）

賀主伯，民國 40 年代。

資料來源：賀永芳女士提供

臺灣林業界一個小兵
——我的小傳　　　賀主伯

民國 13.02.19（農曆）— 民國 108.02.05

　　我是適逢中國多難時期的人、道道地地的中興人、台灣林業界忠誠敬業的一份子。步入林業界是因緣際會，也有其淵源。滾滾江河水，一去不回頭，我這多災難的人生旅途已走到「夕陽」的境界，往昔的滄桑、成長、經歷，一幕一幕在眼前重現——人生如戲。

　　我的老家是：「環而峙者山也，龍山前蹯，(1)獅山後踞，看左右層巒疊嶂，參參差差，須識得頭頭是道；流不息者水乎，虎水西出，豹水北來，匯東南千溪萬壑，源源本本，應無忘滴滴歸宗。」這副對聯描述的錢山村，屬江西省安福縣武功山麓下的一個農莊。我的直系祖先十八代都是讀書人。共軍在江西瑞金起家時，錢山村也遭蘇維埃政府佔領，我家：家產被沒收、家人〔被〕迫分散，幸父親逃脫在外工作。家鄉光復後，民國24年全家人才在南京的浦口團聚。然好景不常，又發生七七事變，抗日風雲起，逼得於26年12月4日搭乘最後一艘搬運津浦鐵路物資的船撤走，輾轉返回老家。

　　36年在江西省立吉安中學高中畢業後，適逢同村的李達才教授應聘台灣省立農學院執教，遂護送李達才教授留在家鄉的妻、幼小兒女來到台中市。次年考取省立農學院森林系就讀，惟在四年級時罹患肺結核病，中途休學兩年，至43年畢業。那時候恰逢省立農學院實驗林管理處組織規程於43年10月正式核准成立，我就請求留在林管處服務，可以與在台中市檢驗局服務的父親繼續相處照顧。

　註　解

(1) 賀主伯的幾篇文章中，皆作「龍山前蹯」，「蹯」，意為獸類的足掌，如熊蹯，因此當改作「龍山前蹯」為是。惟考量該對聯或許原作即為「龍山前蹯」，故註記於此。

李達才，森林系教授兼主任。
資料來源：《台灣省立農學院第十屆畢業生紀念冊》
　　　　　（民國48年）

賀主伯，民國43年（1954）省立農學院畢業。
資料來源：賀永芳女士提供

　　組織規程內設：造林、業務、總務三組。共有四個林場。按省立農學院前身是民國八年創立的農林專門學校，此乃台灣有林業教育的肇始，民國九年再設三個演習林場（東勢、新化、文山）。台灣大學森林系雖是到38年才成立，且也沒有林場，因其為國立，則其實驗林管理處之組織架構卻比較完善而周詳，真是後來居上。

　　民國49年2月時，我曾被動調任森林系造林研究室，擔任應用造林學的學生實習課程，並管理校內苗圃工作，一年後主動請辭。

　　至52年2月升任造林組主任兼東勢林場場長（63年5月除兼）。

　　到66年4月調任首任研究組主任（該組係學校50年改制中興大學，60年再改隸國立，61年修正組織規程時增設，69年再增設森林遊樂組）兼規劃森林遊樂業務（71年除兼）。76年2月又兼處長室秘書工作（當時組織規程上尚無秘書職位），直至81年3月退休。

　　另外，68年起單獨辦理《實驗林研究報告》[2]編輯，該刊純屬學術性，出版森林學系所與實驗林之試驗研究報告，先為年刊，後改半年刊，直至退休。

當我在森林系擔任實習課程，就在苗圃開始學習作試驗研究工作，擔任造林組主任期間，也藉造林業務上的問題，就地取材順便作造林方面的試驗研究。先後獲得國科會三次講師級、一次副教授級之獎助，可惜申請教授級時，僅一分之差而落選，一樣已受到肯定，故仍感到安慰。

在山林中工作的賀主伯（中）

資料來源：賀永芳女士提供

初任造林組主任時最頭痛的事是：東勢林場全場三百多公頃林地，林木已盜伐殆盡，林地也遭濫墾的殘局。經過研究評議，鑒於該場之地理位置四周都有村落，保林工作實在不易，特擬定「委託造林及保育」辦法，呈報省政府教育廳核准。自55年開始與濫墾戶辦理簽約，但仍有許多戶蠻橫不講理的拖延，使人氣憤而又要自制，經過各方面多次協調勸導終於首肯。總計濫墾戶272戶、計596筆地、共267公頃多，完成全部簽約，恢復林地綠化，且自58年開始陸續依約分收果實代金，保障了學校的權益。

註　解

(2) 該刊全名《國立中興大學農學院實驗林研究報告》（台中：中興大學農學院林管處），1979年創刊，初為年刊，1990年起改為半年刊，1999年改名為《林業研究季刊》。

遺憾的一件大事：是55年11月20日湯校長惠蓀博士知道能高林場近年造林成功，特率領學校有關人員與教育廳人員，前往視察，那天要視察的新造林地，是從林場住宿處700多公尺海拔，登上1200公尺，一路上我跟在他身旁，不時問他累不累？慢慢走！他總說不累！當到達目的地，大家都請他坐在一石頭上，坐定後，洪清全場長問：「校長要喝點咖啡還是開水？」他轉過頭說：「咖啡。」再回過頭來，就俯身向前伏倒，一聲不響也不動，大家都驚慌失色，迅速往山下搬籐椅來扛抬，再換汽車送往埔里榮民醫院求救，途中曾由趕來的醫師二度注射強心針，仍回醒乏術。一代台灣土地改革功臣就如此脆弱地撒手走了。湯故校長夫人看過我當時寫的悼湯校長文，給我的信中一段：「……想起先夫去歲，曾一再語我『鞠躬盡瘁，死而後已』，他算是求仁得仁了。蕙悲痛之餘，唯念先夫一生辛勤，為國為民，俯仰無愧；此番臨去，竟毫無痛苦，人生原處寄旅，渠有此結局，當可了無遺憾，我也引以為慰了。……」這種哀慟是學校、國家的莫大損失，但也是人生的崇高榮耀境界。後該場改名惠蓀林場，以資紀念。

另主持一件困擾事：由於梨山水果黃金時的誘惑，有心人煽動原住民到處請願，要求砍伐惠蓀林場早已收回造林150多公頃濫墾地內零星少許柳杉、赤楊案。緣因林場收回造林當時，本已協商言明，除林場已替瑞岩村修建飲用水之水圳工程等外，並培育苗木補償濫墾戶栽植的柳杉，唯後來彼等未來領取苗木，事實上彼等可能當時無地可栽植，不了了之近十年，可是這點法律漏洞，就是這次發動請願的導火線，完全是幕後陰謀者的傑作，冀乘機造成再次濫墾，開闢第二個梨山的夢想。56年起就其向省議會請願的機會，根據其濫墾時栽植柳杉的調查株數、名冊等資料（赤楊是天然下種生，林場撫育者），再依據林務局提供之造林成本，作成公正的正式補償，經省議會通過，最後學校邀請政、軍、警及省議會各方人員前往瑞岩村原住民地發放補償金，其時仍有人在幕後煽動拒領，我堅持與林場人員留駐現場，經數日耐心地挨家挨戶個別詢問勸導，毫無強迫手段，竟漸漸有人願意領取，且有領取後退回再自動來領取者，很明顯地是受別人的操縱，最後僅剩一戶拒領，61年依法將其補償金送至台中地方法院託管結案。

　　一般造林多在惠蓀與新化林場，文山林場少，在造林組主任任內總共造林1048公頃。

　　61年與63年我也承林務局邀請，參加「母樹林保存及自然區保護調查隊」之東部林區與蘭嶼的三個梯次調查，跋涉深山峻嶺，審察擎天巨樹，雄偉美景之間，雖辛苦也興奮。

　　研究組任內工作較廣闊：除例行公務外，重要工作為規劃遊樂區之區域景觀據點，爭取遊樂區設施經費、合作試驗研究、編輯研究報告刊物，力爭實驗林管理處員工編制納入公務預算等事情。工作是平凡無大風浪，然而年歲的增加、體能自然的減退，自己對工作認真的個性等關係下，當感染發燒而成肺炎時，惡化成右肺部外萎縮，後又有肺氣⋯⋯「病來如山倒」。所幸我生活正常，無不良、抽煙、喝酒等嗜好惡習，尚能支撐到退休，耳朵聽力亦陪著退休。

　　關於服務功績，得到鼓勵的重要事跡，除前述得到國科會的獎助外，58年獲台灣省政府教育廳以經營林場成果優良工作努力，記功乙次。60年因處理濫墾地事獲省政府獎狀、林務局給予「功在林業」紀念牌。81年得教育部傑出技術人員獎牌與獎金。退休時承森林系所全體老師與林管處同仁贈送金項鍊金牌之歡送。

弘道樓與語言中心（民國65年竣工）．右側為早期針葉林標本園，樹木尚低矮。
資料來源：《興大七十年》

針葉林標本園逐漸成長為黑森林
資料來源：翁碧玲女士提供

　　退休後平常在中興大學校園內散步保健，校園裏栽植的樹木，有美化性的、教育性的，及紀念性的，我是看著栽看著長，尤其是針葉樹標本園在設立初期，我奉命培育管理十多年，那些樹在矮小時，有生長得美好如黑松等，卻常被偷走，也是傷腦筋的事，必須再三補植，學校也給予我記功表彰。如今，樹木成蔭，仰首觀看樹梢在天空搖擺招風雲，綠繡眼、白頭翁等鳥兒棲息吱吱、喳喳，我心裏的那股暖流，非他人所可領會。這不僅是前人種樹、後人乘涼，也是青壯年時種樹、年老時來乘涼。我還間常去林場「探親」，就是享受這份樹林的親情，山水的活力，使人悠然暢寄，有益保健。且懷著：「但得夕陽無限好，何須惆悵近黃昏。」

錄自《台灣林業》，24卷6期。(3)

⊕　　註　解

(3)《台灣林業》，24卷6期，1998.12，頁56-58。

渡過劫難道珍重

賀主伯

二十九年（1940）考上初創的安福中學，初中畢業後，家裡實在太窮，就停學工作，一年後再考上高中，抗戰勝利時轉學省立吉安中學，三十六年（1947）畢業時，竟患上胃潰瘍，休養一段時期，同村李達才教授留在家鄉的夫人與幼小兒女，邀我結伴照顧同來台灣，與李教授在台中省立農學院相聚。

寶島的新天地、新氣象、新生活

來台時在廣州文理學院宿舍劉棠瑞教授家（劉教授後為台大教授，森林系主任、農學院院長）候船，等了近兩個月，終於在秋高氣爽的日子抵達台中市。

幾天後，我就幸運地來到學校工作，踏上校園，以後讀書、工作至退休及退休後至今五十多年來，未離開過校園，這就是我「享有」的家園。

想起在校園一路走來，身邊的「人」與「事」、「物」之物換星移，既有昔日的幻象，也有今天的親切。

我在三十七年（1948）夏考取農學院森林系後，父親與吉中同班同學賀壽義也於秋天來到台中市，經過一段生活苦難的日子，次年父親找到了工作，賀壽義考取了農經系。

我因來台時已患過胃潰瘍，加上物質生活也很清苦，營養不良，又有功課的勞累，身體健康時出問題。四年級上學期結束時，竟確定染患肺結核，那時候還是在「癆病鬼棺材等」的恐怖陰影時期，此時驚動全校師生做一次X-ray透視，竟有許多師生感染。父親決定要我休學，在靜休一段時間仍無起色下，經多方協助，以貧民住進台中醫院治療。那時特效藥稀少，很貴，用不起，我的病灶主要在右肺上部，藥效差，林垂青醫師另用技術性的「氣腹」治療。休學二年後於四十三年（1954）一月出院，復學時住學校的「TB」總部。(4)畢業後適本校實驗林管理處組織規程核准，我要求在林管處服務。遲至五十一年（1962）才結婚，準岳父得

悉我患過TB，曾極力反對。婚後次年即獲千金，又升官（組主任），精
神爽，工作更賣力。

TB 總部位址的今昔對照

資料來源：賀永芳女士提供

⊕　註　解

(4) tuberculosis，又稱TB，結核病。關於染患肺結核，住進TB總部，作者也曾在其他的文章中提過，如〈溫
故〉：「省立農學院時期：......因為貧苦師生罹患肺結核人多，學校還特別建一小屋供患病學生住，戲稱TB總
部，我也是總部一員，我因病休學兩年，住醫院一年多。」《興大校友》，第11期，2001.6，頁70。

TB 總部位大約位於今森林研究所
資料來源：蔡宗憲攝影（2022）

　　至七十年（1981）右肺上部萎縮，病得非常危急，幸內人賢慧果斷，商請醫師試用自費特效藥，病雖控制，聽力幾乎全失，嗣後多年時常高燒，各類毛病併出。八十七年（1998）由於發燒、氣喘、心跳凶猛住進醫院，經超音波檢查，始知得了「心臟包膜積水症」，經抽水化驗並暫解危急，但查不出積水病菌而無法用藥。經一年的求診，眾醫無策，後在有名的胸腔外科醫師的解釋下同意做「心包膜開窗術」，把水經胸腔排出體外，併切片取樣化驗，手術雖成功，但仍化驗不出積水病菌。二個多月後，又發燒、氣喘、心跳，原來是「胸腔積水」，除抽水暫解危外，試用各種藥療。好在教學醫院可以試用新的結核病藥，僥倖有效，經一年的服藥，終於控制了積水，生活才漸趨正常。沒有病真好，這就是我的命運？

節錄自《退休拾痕》(5)

註　解

(5) 洪作賓主編，《退休拾痕》（台中：國立中興大學退休人員聯誼會，2001），頁74-77。

黃天久（1929-2015）

黃天久，時為農藝系組員。

資料來源：《省立中興大學民國52年畢業紀念冊》

訪問黃天久前秘書

採訪：宋德喜、鄭雅文
時間：民國96年7月13日

黃天久秘書於民國36年8月進入中興大學，當時的校長是第一任院長周進三。黃秘書起初在農藝系岡彥一老師（四名留用的日籍教師之一）與林碧滄老師門下，幫忙水稻試驗與特用作物品種保存工作。民國38年1月，留學法國的汪呈因教授來中興任教，為光復後第三任農藝系主任，黃秘書隨即加入汪主任主持的作物試驗工作。

汪主任是擔任作物育種學與稻作學的教學研究，其作物試驗工作包括大麥、小麥與水稻等作物，民國40年起開始研究大小麥品種改良工作，搜集國內外（含大陸）之品種，甚至向美國農部種源庫要來世界各國三千大麥品種。但由於品種過多，又有許多冬播性大麥在台灣無法抽穗生長，因此只有按各國地理分布，找出緯度較低區域品種，選出八百多個品種作觀察試驗。

大麥品種改良工作在民國40年代中期選育了四個品種，命名為農院一到四號。農院一到三號是二稜品種，四號是六稜品種。農院二號較適合啤酒釀造品種，曾於民國50年代初期在台南縣學甲鎮推廣栽培，由省公賣局契約收購作啤酒。惟未經多年，公賣局認為台灣大麥成本太高，於是停止栽培。農院四產量高，非常適合作麥茶原料，曾有農民栽培過一段時期（詳可見〈台灣大麥品改良研究〉，《農藝系專刊》）。另，60年代有育成大麥中興一號與二號，並有推廣。

　　民國41年，汪主任有感於需要引進啤酒大麥的配妥作物蛇麻（即啤酒花），於民國42年透過法國大使館，引進三個品種蛇麻花，並與林管處張中和處長商議，分別栽培於能高林場的苗圃與關刀山工作房附近。經半年的觀察，都有發芽生長，可惜夏天雨量太多，後來都因水分過多而死亡，也算是一次經驗。

汪呈因，農藝系主任。
資料來源：《台灣省立農學院第十屆畢業生紀念冊》
　　　　　（民國48年）

　　除上列試驗觀察外，岡彥一老師透過關係，向日本長野縣試驗場要來啤酒花種子，栽培於校內，用玻璃頂蓋箱兼用環圓竹枝方式栽培，有長出花朵，但受高溫環境影響，花芯長不大，生長也不好，最後終於放棄栽培試驗。

　　汪呈因主任擔任農藝系主任前後約20年（當時允許連任），最大的行政貢獻是將農藝系舊木造平房改為二層混凝土建築。其次，是向糧食局申請經費興建糧食作物研究所與招考碩士班。

　　戒嚴時期一般是難以離開台灣，民國62年，研究所買了一架液體色層分析儀，因此黃秘書得到一個前往東京學習的機會，透過此次的出國，得以前往日本順便探訪昔日的老師與同學。回國後，黃秘書利用至東京學習到的操作儀器方法，增設了設備。日本人真長壽，那次訪問的三位老師，有一位活到106歲，目前還有二位，一位是105歲，一位是95歲。

　　民國70年8月農委會主委李崇道轉任為本校校長，隨後聘任土壤系王銀波教授為總務長，這是台灣人第一次被任命為總務長，同時，李校長也要求總務處的懸缺組主任人選須向外單位找尋，透過農藝系曾富生教授的推荐，決定由黃秘書擔任保管組組長。

王銀波,土壤系教授兼總務長。
資料來源:《國立中興大學民國71年畢冊》

保管組組長黃天久,攝於1990年。
資料來源:黃素卿女士提供

　　當時的保管組中,正式的職員只有三人,其餘皆是「以工代職」人員,此種「以工代職」的制度由來已久,以技工、工友身分代辦職員工作,雖然可彌補編制職員名額的不足,但技工、工友的身分卻無法在退休後享受18％優惠存款利息。黃秘書在保管組組長任內時,即已注意到技工、工友的待遇問題,但此事涉及全國性制度層面,一時之間也難以做改變。

　　黃秘書擔任保管組組長一直持續至民國80年9月,隨後被陳清義校長調到總務處當秘書,總務長是方榮坤教授。直到民國83年4月底,屆年退休。

節錄自《興大校友》第18期(1)

⊕　註　解

(1)《興大校友》,第18期,2008.12,頁52-53。

農院與興大同仁：黃天久

王一三[2]

王一三，化學系教授。
資料來源：《省立中興大學民國58年畢業紀念冊》

黃天久兄，台灣省彰化縣人，民國十八年四月八日生。台中農業職業學校畢業，於三十六年來台灣省立農學院任職，初為技術助理員，四十五年八月始為農藝系組員。七十年八月，始為國立中興大學總務處保管組主任。八十年八月，始升任為總務處秘書。

天久兄為一標準公務人員，作事奉公守法，按部就班，在農學院與中興大學相繼服務，已經四十六載，實屬難能可貴，令人欽敬。

興大六村位於向上路一段，黃天久居住於左棟二樓，王一三居住於右棟一樓。
資料來源：興大校史館

天久兄自民國五十九年始，與我同住向上路興大六村宿舍，於今已二十四年，凡六村與學校有關事務，天久兄無不盡力協助辦理，而其賢伉儷對於我家照拂尤多，愧無以報，於茲謹致謝忱耳。

錄自《浮生紀略》[3]

編按：

　　黃天久，台中縣人，省立台中農業職業學校（即後來的台中高農，今之興大附農）畢業，民國36年進入省立農學院服務，擔任技術助理員。(4)他熟悉本校早期的人事物，如日籍留用的教師、校地變遷等，本身也十分重視校史資料的保存，在工作之餘，常順手蒐集、拍攝了許多校園的珍貴照片，兩支校名牌能夠失而復得，更是要歸功於他。(5)黃先生去世後，這些資料已由他女兒黃素卿女士捐贈給興大校史館收藏，謹此致謝。

　　黃天久先生除了親自撰寫過幾篇校史，也數次接受訪問，暢談校史。〈訪問黃天久前秘書〉是篇校史口述歷史，但文章的前段談及黃先生在中興的經歷及工作上的轉折，可由此略知其生平事蹟，因此特予節錄。至於其他文章與訪談，為方便讀者查詢，整理清單如下：

1、黃天久，〈第六章　校園發展　壹、臺中校區〉，《興大七十年》（台中：國立中興大學，1990），頁199-205。

2、黃湘玲，〈昔「日」興大教員〉，《鹿鳴電子報》，第18期，2009.8.27。

3、黃天久，〈中興回憶錄〉，吳育慧主編，《中興憶往》（台中：國立中興大學，2010），頁49-62。

4、黃天久，〈我所知道的羅雲平校長兼談校地〉，《飛躍的九年——羅雲平校長紀念專輯 1972-1981》（台中：國立中興大學，2010），頁108-118。

5、廖惠霖、林慧佳採訪，廖惠霖整理，〈追尋逝去的時光——專訪前總務處秘書黃天久先生〉，宋德喜主編，《似水流年——劉道元校長紀念集 1967-1972》（台中：國立中興大學，2012），頁191-192。

⊕　　註　解

(2) 王一三（1908-2002），江蘇漣水人，民國37年（1948）來台，任教於省立農學院農業化學系，民國47-57年，前往新加坡南洋大學講學，其後又返台進入中興大學化學系任教，民國69年（1980）退休，撰有《浮生紀略》（台中：作者自印，1995）。

(3) 王一三編著，《浮生紀略》，頁139。

(4) 據《臺灣省立農學院第三屆畢業紀念冊（民國41年）》，頁6。

(5) 參蔡宗憲、蘇全正撰，《興動時刻——興大百年校史圖說》（台中：國立中興大學出版中心，2019），頁38-41。

楊垣進（1937-2021）

楊垣進，時為農業經濟研究所講師。

資料來源：《國立中興大學民國62年畢業紀念冊》

楊垣進先生傳略

民國 26.08.16 — 民國 110.06.29

楊公垣進先生出生於1937年8月16日，生肖屬牛，父親許枝申、母親楊歲皆居住於台北市松山區饒河街，祖父楊德來冶金技術良好，開設「老興吉銀樓」，為饒河街第一家銀樓，生意興隆，財源亨通。然祖父膝下無子，故協議父母親婚後所生長子從母姓，承續楊家香火，故長子姓楊名垣進。

由於父親得力於祖父技術傳授，母親對人親切熱誠，父母親又合力開設第二家銀樓，生意鼎盛，但祖父與父親漸生隔閡，故垣進雖生於富裕之家，卻夾雜於兩代矛盾之間，身為許家血脈卻為楊家之後，成長之路顛簸，苦樂參半。

垣進溫文儒雅，玉樹臨風，天資聰穎，能文能武，就讀基隆中學，任橄欖球隊員，球場雄風，迷倒眾生，但性好書卷，勤勉於學，中榜及第台灣省立中興大學，遂至台中就讀農業經濟系。大三返北，一場舞會認識郭素娥女士，台北市商校花，沈魚落雁，秀外惠中，展開魚雁往返相思之路，因著一手好字，擄獲美人之心。

畢業後於台中竹坑營區服預官役，退伍進入中興大學任職。25歲，與素娥愛人結褵，夫妻恩愛，相濡以沫，夫唱婦隨，琴瑟和鳴。27歲，再攻讀研究所，師承李慶餘教授，日夜讀書，治學嚴謹，兩年榮獲碩士學位。三子接續出生，一家五口，含辛茹苦，胼手胝足，終獲成就。在校升任企業管理學系主任、副教授、教授，論文期刊多冊，研究計劃累案，一生奉獻教育，作育英才無數。

民國59年（1970），楊垣進（前排左一）時為農經所講師，與碩士班畢業生合照。
前排右五為劉道元校長。

資料來源：余紫菱女士提供

楊垣進（右）農經所碩士班畢業，與
指導教授李慶餘（中）合照。（1965）

資料來源：余紫菱女士提供

民國66年（1977），楊垣進（前排左二）時為農經系副教授，與碩士班畢業生合照。
前排正中為羅雲平校長。
資料來源：余紫菱女士提供

長子毅頂，生於1962年，生肖屬虎，畢業於逢甲大學化工系，任職上市公司台灣玻璃股份有限公司，擔任技術主管。長媳康宜和長孫宗叡，創辦銳勁健身房共3間。次孫明叡，亦投入健康產業，訓練學員健康體格，事業發展穩健。

次子毅淳，生於1964年，生肖屬龍，畢業於東吳大學國際貿易學系，任職上市公司統一超商股份有限公司，擔任高級主管。次媳懿芬，相夫教子。孫子秉翰，於國立台灣大學機械系畢業後，至德國深造，現在就讀於德國斯圖加特工業大學電動汽車科系；孫女茜如，音樂天賦極佳，亦至德國學習，現在就讀於德國科隆音樂學院。

三子毅森，生於1966年，生肖屬馬，畢業於真理大學企管系，與三媳紫菱共創廣告設計印刷事業，並投資觀光產業，事業多元，經歷豐富。孫子乘旻，甫畢業於國立勤益科大機械系，產學四年，習得好技術，待服役後投入產業界；孫子健吾，就讀弘光科大營養系三年級，已

是一名合格健身教練；孫女品悅，就讀於台南應用科大視覺傳播系一年級，學習設計與繪畫專長。

綜觀楊公垣進一生，德清品高，功著士林，廣栽桃李，為國育才，典型足式。治家有成，妻賢子孝，子孫滿堂，各擅其所，德厚流芳。今享壽85年歲，駕鶴西歸，功德圓滿，道範永存。

錄自《珍藏最愛——楊垣進紀念特輯》（2021）

陳連勝，森林系畢業。
資料來源：《國立中興大學民國62年畢業紀念冊》

給尊敬的老師　　陳連勝

民國七十六年，原本在台灣省林務局工作的我，以在職進修名額，考進中興大學農業經濟研究所碩士班，由於大學念的是森林系，所以進入農經所，理所當然地選擇資源經濟組的相關課程。當時，楊垣進老師是資源經濟組的專業教授，從那時候起，就開始受教於楊老師，至今已超過三十年。

民國七十八年，碩士班畢業，由於選擇繼續攻讀博士課程，承蒙當時農經所諸位試務委員的接納與提攜，讓我有機會進入博士班課程就讀，為了專心攻讀博士學位，毅然辭去原在林務局的公務員職位。民國八十年，博士班二年級時，學校規定，必須選擇博士論文指導教授，經過再三思考，懇請當時資源經濟組相對資深的楊垣進老師為指導教授。從此以後，與楊老師的互動，更加密切。在楊老師的指導及當時其他師長的提點下，於民國八十三年元月，順利取得博士學位。

在攻讀博士學位期間，在李慶餘老師與楊老師的指導下，參與數個與資源經濟有關的研究計畫，如內政部委託的「建立土地使用分類系統之研究——農業用地計劃」、經建會委託的「嘉南、高屏地區水資源有效利用之研究」。由於當時我已成家，家中育有三個幼兒，攻讀博士班時，我已辭去原本在林務局的全職工作，日常生活費用全靠妻子獨自承擔生計，李慶餘老師與楊老師總是在計劃經費上，分配較多經費給我，讓我得以貼補家用所需，時至今日，仍然感念在心。

取得博士學位後，原本在農業試驗所農業經濟組任職，民國八十四年七月，中興大學農業經營系登報徵聘專任教師職，在鄭詩華老師告知、楊老師協助、劉欽泉老師與詹益郎老師撰寫推薦函的引薦下，讓我

有機會進入中興大學擔任教職，直至民國105年八月屆齡退休。

在中興大學擔任教職期間，也參與數個楊老師主持的桃園農田水利會委託的研究計劃，長久以來，總是受到楊老師的諸多提攜與照顧，師恩仰高，實在難以報答於萬一。每逢民俗節日，楊老師總是喜歡招呼學生們到楊府享用楊師母精心烹調的美味佳餚，讓享用過的學生們，畢生難忘。

猶記得楊老師剛退休不久，與老師、師母一同出遊安徽黃山，當時還在黃山的光明頂，為老師祝壽，至今思及，猶歷歷在目，彷彿如昨；老師喜歡書法，每年新桃換舊符時，老師總會餽贈門聯墨寶，字跡蒼勁有力，令人難忘。

陳連勝（左一）曾數次陪同楊垣進夫婦出遊
資料來源：余紫菱女士提

與老師結緣三十餘年來，總是受到楊老師、師母的諸多眷顧與提攜，經師人師，永難忘懷，如今，哲人雖已遠，但，典型在夙昔，老師的景行中，讓我記憶深刻的教誨，擬以下列數語，表達我對老師的懷念：

尊師重道，誠懇待人，謙卑做事，沒有敵人，只有朋友。

錄自《珍藏最愛——楊垣進紀念特輯》（2021）

詹純鑑（1906-1979）

詹純鑑，農藝系教授。

資料來源：《省立中興大學民國53年畢業紀念冊》

詹純鑑先生事略

民前06 — 民國 68.08.03

先生姓詹，諱純鑑，字鏡心，江西婺源人。婺源，人文薈集之地，時爲皖、贛兩省所爭議；約於抗戰前夕，新縣制實施時，隸爲江西所屬。鏡心先生畢生事業，亦植根於江西。

鏡心先生出生於小康之家，父伯棠公，服務於交通、文化、慈善事業機構多年，爲宗族鄉里所稱道。母早辭世，大陸陷匪後，家庭情況杳然。惟四弟純奕、妹純冰，因早離大陸，現均成家立業；幼女遠霞，常侍左右，長公子遠浦，初就讀於香港，後轉入日本東京帝大理科畢業，現仍居日本。次子遠平、三子遠渝及長女遠湄，均陷大陸。先生四十二年，偶患風濕病，行動不便，而工作又繁忙，生活乏人照料，因徇親友之勸，得識黃季仙女士於臺北，四十二年結褵，[1]自後，先生之工作、生活、社交、娛樂各方面，均較前更有常軌。

鏡心先生幼年聰穎異常，五歲讀私塾，卓然鶴立於羣兒之上。誦讀之餘，尤多思辨。十四歲，轉入新制小學。先後就讀於江西第六師範與天津扶輪中學。先生本人思想及其國學知識蓋淵源有自。民十五年，入北洋大學習工，翌年，轉入南京金陵大學。由於避免北伐戰火，十七年轉赴滬上，就讀於新創之國立勞動大學農學院，勞大實踐半工半讀制，學理與經驗並重，變化氣質，已養成刻苦耐勞之知識青年。鏡心先生曾謂在「勞大」四年，所思所學，一生受用不盡。二十年畢業，旋於八月赴歐入比利時國立農學研究所，[2]又四年有半，獲農業工程師學位。先生

註 解

(1) 原文作「四十一」，據年譜修訂。

(2) 比利時國立農學研究所位於岡城（Ghent），該城今譯作根特，是比利時第二大自治市。

民國34年（1945），詹純鑑任青年軍208師政
治部主任，與軍事委員會委員長蔣中正合影。

資料來源：《詹純鑑先生的生平》(3)

不信外來宗教，然亦非無神論者，敬天祀祖，儒家不忘本思想，仍深植於腦際。且一生服膺 國父人生以服務爲目的之遺訓，人定勝天，人定勝神之科學論證，而力行之。

民二十五年春，先生學成返國，是爲抗日戰爭前夕，國家處境艱危，外抗日本強權，內鋤共產奸匪，山河萬里，時在動盪之中。先生一直帥氣持志，以報效黨國自許，且以不問收穫只問耕耘心態，自處處人。自返國迄今四十三年以來，先生在不同工作崗位，不辭勞怨，不問艱巨，出任黨團、農教工作，其平實服務、犧牲奉獻精神，有如一日。

註　解

(3) 詹純鑑先生的生平編集委員會編，《詹純鑑先生的生平》（台北：編者自印，1979）。

民國36年（1947），青年團南昌三分團部分幹部與江西支團幹事長詹純鑑（前排中）合影，
前排右二為黃乃隆。

資料來源：《憂患的歲月——七十憶往》

　　若計時程功，先生之辛勤耕耘，確非常人所可及者，計有：

　　西北農學院講師一年。

　　四川省立教育學院系主任二年。

　　江西省政府墾務處處長二年——在職擘劃開墾荒地十餘萬畝，可收容
抗戰期間各地流亡十餘萬人。

　　江西省立農業專科學校校長三年。（兼）

　　國立中正大學農學院教授四年。（兼）

　　三民主義青年團江西支團幹事、書記、幹事長，以及中央候補幹
事，先後六年。

　　青年軍二〇八師政治部主任一年。

　　國家實施憲政，於三十六年冬，舉辦立法委員選舉，以高票當選爲南昌選區立法委員，以迄於今。

　　臺灣省立農學院教授兼訓導主任。

　　臺灣中興大學教授三年。

　　中國文化學院農學部博士班主任。

　　本黨臺灣省黨部委員兼書記長八年。

　　革命實踐研究院副主任兼通訊輔導部主任。（兼）

　　本黨中央委員兼第五組主任五年。

　　中國青年反共救國團副主任。（兼）

　　本黨中央評議委員，以迄於今。

　　本黨景德製藥公司董事長。

　　本黨黨營裕臺公司董事長三年。

　　中國社會福利協進會理事長，以迄於今。

農藝系A班畢業生與師長合影,前排左四為詹純鑑。　資料來源:《台灣省立農學院第十屆畢業生紀念冊》(民國48年)

詹純鑑在農藝系上課的情景

資料來源:《台灣省立農學院第十屆畢業生紀念冊》
　　　　　(民國48年)

詹純鑑(左一)以青年反共救國團副主任身份,隨
蔣經國主任前往各地巡視團務。

資料來源:《詹純鑑先生的生平》

先生致力於文教、黨團組織工作，時久功成，尤以後者，最爲出色。初任職於臺灣省黨部，繼調任中央第五組主任，中央與地方特性，黨員與羣眾需求，先生最爲瞭然！特別在中央第五組任內，已展其抱負，在工作上，確有不少創見。爲本黨社會工作奠定基礎。而今日尤爲工作同志所樂道，且仍在繼續開展著，約有如下十端：

（一）當本黨九屆二中全會時，提出「民生主義現階段社會福利政策」。當經全會通過，交行政院頒布政令實施。

（二）本黨十全大會時，繼又提出「現階段社會建設綱領」，其目的，在使經濟建設與社會建設平衡健康之發展。

（三）爲健全國民體魄，強化國防建設，研訂「發展全民體育方案」。報經本黨中常會通過後，督導從政同志積極規劃實施。臺灣體育風氣之培養，體育技藝之猛進，實肇基於此。

（四）爲指導青年之活動，解決青年就業有關問題，經多方協調，提報本黨中常會獲准於行政院之下，設立青年輔導委員會，其工作績效，贏得海內外青年之讚揚。

（五）爲開展本黨羣眾工作，厚植黨的社會基礎，除指導各級黨部經常注重爲民服務外，在中央直接指導下，特舉辦過五次擴大聯合服務。研訂「推行便民服務辦法」，爲各級黨工之準據。

（六）爲結合民間組織力量，爭取民心，使黨的政策落實在民眾組織之中。經研訂「清查整理各級民眾團體實施要點」一種，提報常會通過實施。對於宗教團體，主張維護宗教文物，維護宗教宣傳與信仰之自由。

（七）爲適應經濟之發展，健全工會組織，注意勞工福利，至爲重要，因分別研訂「公民營企業生產獎金辦法」、「公民營廠場籌組產業工會實施辦法」、「勞工分紅入股辦法」、「修訂基本工資暫行辦法」，按物價指數，逐年提高勞工基本工資。提報中常會後，督導實施。此一勞資兩利關係之改善，勞工福利之獲取與保障，影響深遠。

（八）爲對大陳來臺義胞安置其生活，輔導其就業，特擬訂「改善

大陸義胞生活及就業輔導計劃」，提報中常會通過後實施。凡屬大陸來臺義胞，亦均蒙其惠。

（九）爲鼓勵前方士氣，表現軍民一致，特推行敬軍勞軍運動。發動各界勞軍捐款，高達新臺幣二億七千餘萬元以上。另支援心戰經費，亦達一千六百餘萬元。

（十）在省黨部任職期間，規劃地方自治選舉政黨提名競選之實施。此爲樹立政黨政治之常軌，民主政治之具體實現。迄今尤賴此初基，推行無阻。

此外，鏡心先生以其平日爲人之誠摯平實，無論在黨在學，人際關係十分融洽。地方政治上難免有派系之爭，利害衝突、糾紛，無不賴先生一言以解。歷年來，地方選舉最複雜最煩難之處，中央每屬意於先生，作爲選舉輔導，在本黨提名之下，無不順利當選。先生之信譽人望，有如此者。

作爲政治家，貴有預見。先生在主持中央五組任內，其重要設想，不僅解答今天問題，也預防明天問題。如本黨社會政策、勞工政策，依據民生主義理想，予以具體規劃，並且付諸於事實者，似爲鏡心先生跨出第一步。鏡心先生由於其家世、教育及其秉質，宅心仁厚，樂於助人。其門生故舊有所需求時，在力之所及處，必予援手，或示以努力門徑，或助其解決難題，而得無德色，其平易可親，令人唧感，沒齒難忘！然先生自持極爲儉樸，取予之間，嚴謹而極有分際。四十年間，在政治上歷數成敗，看盡浮沈，而先生純然仍爲一介書生耳。孟子謂，富貴不淫，貧賤不移者近似。當五十八年五月，先生在中央交卸五組主任職務時，工作同志致歡送詞，謂「長官考核部屬，不一定正確，因爲以一個人考核許多人，難期週全，可是部屬考核一個長官，則絕對正確，因為以許多人觀察一個人，所得到的結論，自然不致有誤。我們對主任（指詹氏）的考核是，除了做事方面，一向負責盡職，不必多事贅述以外，僅就做人方面來說，大家用『高風亮節』四個字，作爲考核的評語，我們特請馬壽華先生繪了一幅風竹，題上『高風亮節』四字，以示主任經得起風暴，經得起考驗，更表現其平日做人的風格」。當時惜別

惜才氣氛，極爲濃厚，有感動而泣者。老子謂「功成身退，天之道
也」，其有諸？

　　先生自六十三年從黨工退休後，其立法委員職務如故，支持黨的政
策，亦如故。行政業務，則專致力中國社會福利協進會工作，如舉辦老
人福利、退休公教人員文娛交運活動等。事較單純，而先生體型瘦長，
步履矯健，方冀期頤之年，坦然而至，不意今年六月下旬，頗覺不適，
時有小咳，夫人亦以為輕度感冒而已。及至三軍總醫院檢查時，始發現
肺部腫瘤，已逐漸形成且擴散矣。臺醫盡其力之所能，以爲治療，而竟
回天乏術，先生卒於本（六十八）年八月三日下午七時四十五分不幸與
世長辭。

　　鏡心先生今雖已作古，而遺愛遺澤尚在人間，有謂歷史文化之積
累，每由有道之士一點一滴之血汗所凝成，後之來者，其將以先生爲先
進爲典範耶？則發揚本黨三民主義之光輝，大陸國土之光復，當不在
遠！則先生之逝世，自不以哀傷爲已也。

　　　　　　　錄自《國史館現藏民國人物傳記史料彙編（第2輯）》(4)

註　解

(4) 國史館編，《國史館現藏民國人物傳記史料彙編（第2輯）》（台北：國史館，1989），頁461-466。

劉理遠（1924-2010）

劉理遠，時為化學系副教授。

資料來源：《省立中興大學民國52年畢業紀念冊》

黃乃隆，民國38年（1949）攝於
台中，時年28歲。

資料來源：《憂患的歲月——七十憶往》

我家的「內閣總理」 黃乃隆

民國 13.12.29 — 民國 99.01.19

　　我的太座劉理遠教授，青島市人，北京大學化學系畢業。父劉敬益，為青島著名的牙醫師，母王氏。她於卅七年經友人介紹隻身來台，應聘台灣省立農學院農化系助教，後升任講師，副教授；農學院升格為中興大學後轉化學系任教，五十四年升教授。六十二至六十四〔年〕赴美國德威士加州大學訪問研究兩年，(1)至八十年與我同時退休。

　　卅八年一月，我應聘來省立農學院任職，在偶然的機會認識她。哪時候農學院來自大陸的年輕人不多，女同事尤其少。我們雖非同一所大學出身，她在「北大」，我在相隔十萬八千里的「中大」（按：廣州中山大學），卻是同年畢業；故對時代、環境、世局等方面有著共同的遭遇與感受。乍見之後，立即有著似曾相識的感覺，真是「有緣千里來相會」。後來得知她的若干女同學曾赴「廬山夏令營」受訓，與我相識，於是彼此多了一層關係，更加熟悉了，聊天的話題也豐富了。

　　理遠個子很高，當時披著長髮，鼻樑上架著輕度近視眼鏡；一雙大而圓的眼睛，閃

註 解

(1) 德威士加州大學（University of California, Davis），今多譯作加州大學戴維斯分校。劉理遠的次女在書信中回憶說：「我那時候就是跟她一起來美國的！只記得她那時候三更半夜要去實驗室檢驗成果，有一次還騎腳踏車走了反方向，結果我和弟弟騎腳踏車出去找她。那時候的日子過得很苦，但是卻是我這輩子記憶最深也讓我成長最快的一段時間！」（2022.6.14）書信內容由歷史系陳靜瑜教授提供。

耀著智慧而正直的光芒，說話聲和笑聲都很爽朗而高亢，典型的北方女孩形象與氣質。這是我對她的第一印象。她是獨生女，天性加上嬌生慣養的後天影響，個性剛強，直來直往，得理不饒人。天賦優異，讀書過目不忘，反應敏捷，擅長推理，一望即知屬智慧型的女孩。

卅八年冬，大陸局勢惡化，台灣也出現「山雨欲來風滿樓」的緊張氣氛。來自大陸的我們，彼此油然而生「同是天涯淪落人」的休戚與共的感覺和危機意識；大家常常聚在一起談天說地，互訴心情，稍可獲得一些慰藉。她一個女孩子離鄉別井，形單影隻，一定比男孩子更不好受。加以戰事已蔓延到華中、華南，軍情緊張，有家歸不得。自然地，彼此關注之情，油然而生。哪時都在教職員餐廳用餐，一夥兒邊吃邊聊，無所不談。日子久了，了解益深情亦深。

我初抵農學院時，是住在舊行政大樓右側臨時宿舍。記得農藝系古文亨教授也住地哪兒，是江西同鄉，與詹（純鑑）主任過去共過事。半年後，學校決定將此臨時宿舍改為辦公室，庶務組將我安排到樓下左側一棟日式平房左端一間有榻榻米的臥室住宿。面積較原住者為大，距行政大樓的盥洗室很近，光線明亮，十分滿意。這棟房子在日據時期是招待所，「L」形，自成格局。另有三大間為兼任教授住宿之用。前庭空地築燒水間，供應單身教職員熱水。我住的這間原係理遠的宿舍，學校請她遷到被稱為「鴿籠」的女生宿舍去住，她竟誤以為是我存心「趕走」她的，非常不滿，許久不曾和我談話，待事實真相大白後，才將誤會冰銷。但每次前去取開水時，必順便到我住處發牢騷，似乎猶有餘「恨」，我則一笑置之。俗語說「不打不相識」，經此誤會後，彼此反而更加熟知了。

是年暑假，學校招生，（哪時還未實行大專「聯考」制）前面提及的江西同鄉鍾克和，由台北來台中應考，特來看我；義不容辭，就委請理遠代為招待住宿，她也欣然接受。就這樣，我和理遠由相知而相愛，而決定結成連理，豈非「緣定前生」？我們於四十一年八月十二日在台中市結婚。

理遠精明能幹，冷靜果斷，遇事自有主張，決定要作的事，勇往直

前，誰也無法更改。生活儉樸，刻苦耐勞，事事精打細算。穿過的舊衣，用過的舊物，捨不得拋棄，每隔若干時，又拿來修修補補，真個是「穿三年補三年，穿穿補補又三年」。數十年如一日，迄未改變。更沒有虛榮心與浮誇習氣，淡泊名利，視利祿如浮雲，絕不像一般獨生女的作風。我則遇事粗枝大葉，從不為家務事用心思，也不願管錢財，一切由她獨攬大權，獨斷獨行，成為我家名實相符的「責任內閣總理」。自結婚後，我從未到學校出納組領過薪津，每月收入多少？支出多少？穿什麼，吃什麼，從不過問。她有時也會數落我：「錢來伸手，飯來張口。」我則答以：「有權即有責，權責合一；男主外，女主內，天經地義。」因此，我在學校兼行政工作二十年，或去或留，她從不參加意見，對學校的事，從不聞問。有同事讚譽她為「女中豪傑」，實際上，她在家中主持家務，井然有序，我能專心致志兼職二十年及教學研究寫作，不得不歸功於她的內助，才能心無旁鶩，無後顧之憂。

劉理遠・化學系教授。
資料來源：《省立中興大學民國59年畢業紀念冊》

　　民國四十九年，國家長期發展科學委員會訂定學術研究補助費申請辦法，獎勵協助大專教師從事專題研究，我夫婦均申請，前後同時獲准，長達九年。自此之後，她既要忙於教學，又得忙於研究和家務，內內外外，席不暇暖，是最忙碌辛勞的時期。經常汗流浹背，有時深夜還得工作。好在當時雇請女傭不若現在困難，燒飯、洗衣、灑掃和照顧兒女，有女傭分勞，得稍舒仔肩。

錄自《憂患的歲月——七十憶往》(2)

　⊕　註　解

(2) 黃乃隆，《憂患的歲月——七十憶往》（台中：作者自印，1996），頁477-479。編按：劉教授的訃訊見於《化學鍵》：「本系退休老師劉理遠教授，不幸於民國99年1月19日病逝於台中縣大里市仁愛醫院，享年86歲。劉教授生於民國13年12月29日，北京大學化學系畢業，於本系負責有機化學課程，於民國80年8月1日退休。」《化學鍵》，57，第4版，2010.8。

農院與興大同仁：劉理遠　　　　　王一三

　　劉理遠教授，山東青島市人，民國十三年十二月二十九日生，三十五年七月畢業於北京大學化學系，授予理學士學位。民國三十七年十二月來台灣，任職於台灣省立學院農業化學系為助教、講師。四十五年，化學系成立，即轉任該系。民國五十年七月一日始，台灣省立農學院改組為台灣省立中興大學，六十年七月一日，再改為國立中興大學。理遠教授自民國四十七年始，由講師相繼晉升為副教授、教授，直到民國八十年七月，功成身退。今與其退休之夫婿黃乃隆教授夫唱婦隨，以樂餘年，人生之大幸也！

劉理遠獲頒教育部資深優良教授獎章（1991）

資料來源：《憂患的歲月——七十憶往》

　　理遠教授於民國三十八年至四十五年間台灣省立農學院農業化學系時代，對於一三之教學工作協力甚多，不勝感激！五十七年至六十九年，一三得附驥尾能與理遠教授再一同任教於中興大學化學系達十二年之久，[3]在我退休之後，理遠教授對我夫婦不時訪晤，關懷與照顧備至，方今世衰俗薄，能不使人感激涕零也哉！

錄自《浮生紀略》[4]

⊕　註　解

(3) 民國47年（1958），王一三以經濟因素，應聘至新加坡南洋大學化學系。57年（1968），自新加坡返台，復入省立中興大學化學系任教。69年（1980），退休。參王一三，《浮生紀略》，頁49-55。

(4) 王一三，《浮生紀略》，頁132-133。

魯實先（1913-1977）

魯實先教授

資料來源：《興大台中市校友會刊》第1期

魯實先先生事略

民國 02.03.12 ─ 民國 66.12.19

　　魯故教授實先，譜名佑昌，以字行，晚更號瀞廎。湖南省寧鄉縣人，民國二年三月十二日生於寧鄉傳家灣。秉質殊異，讀書過目成誦，韶齔能文章，動驚老宿。十五歲入長沙明德、大麓兩中學，高材逸足，又心有所專注，彌不樂學校課程之淺雜濡緩，因謝退，買四史鍵戶自課，咸若夙所通習者，乃大快。旋之杭州，讀文瀾閣藏書，越三年，

去北平，昕夕就圖書館恣覽，間詣大學聽碩師講論，如是者數歲。游洛陽、開封，復訪求公私秘藏讀校，所學益大進，灝瀚融澈，足方古學者。著《史記會注考證駁議》，是為先生著書之始。《史記會注考證》者，日本瀧川龜太郎所為書，號整贍有法度，為世所重，先生諟正其訓解踳駁，尤於史事年時差舛指論特詳。鄉先輩宿學楊遇夫先生，大聳敬之，因薦入川就聘國立復旦大學教授，時先生裁二十有八歲耳。其間乃並治經學，講《尚書》，撰劄記疏論若干篇，重遭世難，稿蕩佚不可復得。居渝州日，亦輒以曆法與時賢上下其論議。自日寇敗降，東下主江西中正大學文史講席，三十七年回湘，邑人推聘為靳江中學校長。無何，湖南陷匪，先生重名，匪多方脅劫之，義不可屈，其酋恚恨欲加害，星夜孑身走香港，匪郭沫若輩屢以函電招要，先生謂今日惟可南走千里不可北移一步，峻語拒却。而衣食無所資，欲求死者數矣。旋因賣文所入，得迎尊人渭平將軍至港，隨侍入臺，而太夫人周氏，夫人陶氏，長君君傳，次君君炎，兩女曼君、麗君，以勢格咸不得隨，存歿今不可知已。舊好芮君延入嘉義中學課讀，移寓臺中，先後就聘臺中農學院及東海大學教授，居處小定，乃掇輯

舊撰曆術文字益以新作,為《殷曆譜糾譑》、《曆術卮言甲集》兩書,其第次甲乙者,謂將踵是有所造述云爾。外此更有《十四史曆志疏證》、《劉歆三統曆譜證舛》諸作,則曩在大陸所別出單行者也。

民國42年(1953),魯實先到省立農學院任教,
右方致詞者為林一民院長,地點在小禮堂。
資料來源:《文字析義》(1)

　　先生早歲治史,因遂覃精曆法,自漢迄清曆法更變凡六十餘次,靡不通究其詳,謂當探賾索隱,修補罅漏,使千古典章制度晦而復明。語曆術之精博,當世必推先生。嘗以為古時曆術疏闊,氣朔不齊,春秋之世且屢見失閏,後此各朝曆制法數訛闕失傳者亦往往而有,未可據後世曆法以推前古。曆譜用於考史,必據其行用曆之氣朔部勒年月,以是正差繆。又詳討節氣中氣,而皆稽古有徵。既備論三統曆譜之訛矣,復指正春秋家承用杜預長曆之失,並按究劉義叟、汪曰楨諸家治曆操術疏

(1) 魯實先遺著,《文字析義》(長沙:魯實先全集編輯委員會,1993)。民國36年(1947),聘請魯實先到江西中正大學任教的校長即為林一民,相關書札見陳廖安、蔣秋華編,《魯實先先生珍藏書札》(台北:中央研究院中國文哲研究所籌備處,1999),可知兩人為舊識。

略。於近世則力闢殷曆譜、西周曆譜馮臆無當，復證考中西回史日曆冬至差誤，中西史日對照表差誤，悉持論精碻，釐然當理，一世斂服。居臺二十餘年中，國家大典禮與夫學術辨章考定之事，當局輒就諮訪焉。

五十年就國立師範大學教授聘，乃益勤治文字之學，著《殷栔新詮》、《卜辭姓氏通釋》、《周金疏證》、《說文正補》、《轉注釋義》、《假借遡原》諸書，並已刻行。其未竟者厥為《文字析義》，亦綴辭泰半矣。凡先生創通義類，實度越戴、段四體二用說，昌明六書皆造字之法主張，辨正形聲字多兼會意習解，標舉形聲字必兼會意新義。其於研究甲骨，解字證辭，特多創闢，悉掃窠臼。所斳《文字析義》書成，學者得資以悉究文字之朔形本義，會通前羹諸作，以建其統緒焉。曾於上庠特別講課，講舍內外生徒密坐環立以聽者輒數百人，有遠在百里外趨而至者，雖盛風雨亦莫不然，數十年來講學之盛，未有逾於此者也。今日士能趨求國學，又咸知必以究明文字為其塗軌，啟牖振導，實先生之功為多。夙邃精古文辭，顧不輕作，一切酬應游觀文字皆絕弗為，而用其法泛入論辨疏釋之中，洸洋浩博，堅明密栗，又時復沈鬱絕麗，一洗前人餖飣襞績之陋，別開戶牖，炳為奇觀。間頗集甲金文字書屏聯，答知好求索，古澤盎如，亦復自成馨逸，世共寶之，晚途稍游心竺氏之書，特未遑有所講論。計析義畢功後，賡為史論、文術玄珠諸書，蓋嘗略揭大恉以語門人，欣然窣然，實不自意其遽死也。悲夫！今向及矣！

先生事父至孝，尊人渭平將軍，早歲與武昌首義，積資洊升旅長，一二八上海抗日作戰益有功，以病退，今年實八十有七；夙昔治家治軍壹整秩求中法度，偶觸怒，先生輒長跽請解，必竢色和乃起；夜分選精米具粥飯，曾不假手他人；近年將軍病臥，凡廁牏中裙盥濯之事，亦皆先生親為之，夜三四扶起便溺更衾褥；以是先生夕寢恆不得三五小時，體故清羸，逐益困憊，顧自諱強為支持，洎疾作乃不可救矣！以腦溢血於民國六十六年十二月十九日，逝世臺灣大學附設醫學院，春秋六十有五。先生性剛正伉急，所弗直，必質言之，不肯宿怨陰校。人多憚其方嚴，久而益敬其誠諒；於後進尤樂為獎掖，死之日，朋舊門人羣哭失聲。易曰：「君子終日乾乾，夕惕若，厲无咎。」先生有焉。

　　夫士奮乎百世之下，俯乎百世之上，獨來獨往，屹立而不倚，昭昭大有所樹立，豈不信乎瑰奇絕特者歟！又況其孝行節概乃如此其肫肫而嶽嶽也哉！讀其書論其人，信知其必有聞風而興起者矣。謹卜葬於臺北南港墓園，並謀檢蒐遺稿彙刻其書。凡先生制行，將詳紀於碑傳，臚載於年譜，此不悉具，著其大略如此。

　　　　　　　　錄自《國史館現藏民國人物傳記史料彙編（第7輯）》(2)

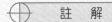

註　解

(2)　國史館編，《國史館現藏民國人物傳記史料彙編（第7輯）》（台北：國史館，1992），頁435-438。關於魯
　　　實先的生平，其子魯傳先在《文字析義》一書的出版後記中，也有不少敘述，可與此參看。

我大一的國文老師
—— 魯教授實先大師

楊垣進(3)

民國四十五年九月中旬初赴台中，負笈異鄉爲台中農學院新鮮人的我，由於初次遠離家門，起居尚不習慣外，內心總覺得處處新鮮美好。當時學校師生人數、校園規模雖不比現在宏大，但仍充滿著校訓所云「誠樸精勤」之精神，實爲一孕育高等教育之美好環境。

楊垣進，省立農學院農經系學士。（1960）
資料來源：余紫菱女士提供

開學那一天，頭一堂課是國文，心想國文師一定跟高中時代的老師不一樣，他一定是滿腹經綸、循規蹈矩、道貌岸然的一位大師。果然不錯，遠遠地前來一位身穿長袍、神態坦然之中年人，他就是教我們國文的大師——魯實先教授。我們內心皆殊感欣慰，於是全班寂靜等待大師上課。〔他〕進了教室後瞪著眼睛看著我們這一群活潑天眞的新鮮人。頃刻間，大師口若懸河來了一場尊師重道之大道理，說我們入學沒有拜孔子，不懂得禮教，要我們從頭再來，當時我們個個都心神恍惚，無所措手的挨過這一堂課。下課後三兩議論紛紛，亦不知何處不敬，肇事何因，正感無奈之際，欣得高年級學長之指點，乃恍然大悟。即刻班代表向全班宣布我們第二堂課要重新再來，於是在魯大師從老遠走向教室之際，我們即開始作英國牛津大學傳統歡迎老師的方式，全班敲打桌椅、門窗，歡聲雷動以示尊師。進了教室後，魯大師直說好！好！而我們敲得愈響，大師愈是趾高氣揚。鄰近教室也都知道又是魯大師在上國文課——是一堂不打瞌睡的課。往後我們也就如此敲打歡迎，而且一屆一屆的傳承下去。不過，據校方統計得知，凡魯大師上國文課的學系，其教室設備之修繕費是高居全校〔之冠〕。

⊕ 註 解

(3) 楊垣進，民國49年本校農經系畢業，54年農經系碩士畢業，曾任教於本校農業經濟研究所。本編亦有傳。

魯大師上起課來，雖有很重的湖南鄉音，但精神抖擻，認真之態度確是使人敬佩。大師的國文課主要是教我們《史記》、《資治通鑑》，偶爾也會講講甲骨文，每每講述中都能夠引經據典、深入淺出，不僅能將內容的來龍去脈有系統的解說，而且可應用白話之事例予以佐證。這種教學方法實是值得我們學習的，也是我當學生之過程中從沒有遇到過的最佳教學方法。有時候魯大師煙癮一來，抽根煙更是講得口沫橫飛，頭頭是道，讓你聽得更是欲罷不能，真是叫絕呢！魯大師每堂上課從不遲到，只有因同學聽得欲罷不能而遲退較多。大師不但教學方法最佳，而且他準備的教材講義之豐富真是萬無一失，怪不得，他常誇說他是半個孔

魯實先在省立農學院，背景為舊行政大樓。
資料來源：《文字析義》

子，與司馬遷還是伯仲之間，我們能夠受教於大師，真是三生有幸，受益無窮呢！

魯大師對中國文學之造詣很深厚，尤以甲骨文研究為最，可惜我們并沒有跟大師學這一門課，僅是於國文課當中略提一、二；但他卻詮釋得有憑有據、很有道理。時下另一專注甲骨文研究〔的〕大師董作賓教授（當時董教授之兒子董敏亦就讀我們農學院森林系），亦是魯大師的競爭者，大師常批評他詮釋錯了，他不懂。其實，是文人相輕呢？還是真有那麼一回事，孰是孰非，我們確實也不懂， 正如我同班同學張明正所說的，管他什麼甲骨文，還是丙骨文呢？不過，吾人若要詳考其究竟，確有待請教魯大師之嫡系門生——本校文學院中文系王淮教授或胡院長楚生教授。也許是魯大師對中國文學之偏愛與執著，因之，在離開台中農學院到東海大學中文系執教時，就曾與系主任徐復觀教授筆戰。最後還是不歡地離開東海，到台北師大作育更多的門生，真是如魚得水之結局。

有一次學期末的時候，魯大師身體有一點不適，班代蔡松林（現旅居美國）跟幾位同班同學帶著水果與一隻土雞到宿舍看他，大夥一

〔進〕門就看到大師正忙著晚餐,大師沒有結婚,與父親住在一起,也沒有佣人幫忙,身體欠佳還得服侍父親生活起居的家事,眞讓我們十分感動,大師確是一位值得我們學習的典範孝子。魯大師得悉我們大夥兒之來意後,笑顏叫我們坐,其實一進門就擠滿了屋子,因為當時大學教授待遇不是很優厚,宿舍空間有限,傢俱設備也很簡陋。不過,我們蠻覺得屋子設備雖簡陋,但卻充滿著書香氣氛呢!幾天後,大師康復又來上課了,一進教室即滿臉笑顏不絕地稱讚母雞買得好。他說隔壁化學系的同學不會買,那飼料雞一點味道都沒有,眞是味同嚼蠟,還是你們學農業經濟的,比較對味。魯大師確實也是一位淡泊名利、勤奮有爲的學者。他沒有進大學,更不是一位博士級的大師。但是他的國學根基之深厚,能在大學教書實非易事,由此得證乃實至名歸。有一次我們班上有位同學問大師說,我們國文課爲什麼不上作文?他說我們不是他的門生,沒有資格作文,但要做他的門生,我們還不夠格。由此可見,大師在認知上,認爲我們國學根基尚差得甚遠呢!再者,若依他過去奮發經歷之標準看,我們恐尚須再學習十幾年才有資格作文呢!

　以上回憶魯大師的一些點滴,仔細想一想,確實有許多值得作爲我們的風範,尤以為學認眞、一絲不苟、精益求精之精神。而爲人處事之行為,也是有裨益吾人作爲準繩。

　〈編後語〉:

　爲了配合楊垣進教授的大文,到處探詢魯實先教授的基本資料。皇天不負苦心人,終於在本校人事室檔案中找到照片及一部份經歷;又承共同科王慶光老師轉請台大中文系黃沛榮教授提供更爲翔實的生平介紹。東海大學也告知魯教授在該校執教時間。魯教授在本校服務期間是民國四十二年八月至四十七年七月。民國六十六年去世。魯教授,民國二年生,湖南寧鄉人。長沙明德中學肄業,後發奮獨學,勤讀史書,三十一歲時受楊樹達等人推荐,復旦大學破格聘爲教授。魯教授離開本校後又至東海、師大執教。(林景淵撰)

錄自《興大台中市校友會刊》(4)

(4)《興大台中市校友會刊》,第1期,1994.12,頁21-23、48。

湖南才子魯實先　　林景淵

林景淵，共同科教師。

資料來源：《國立中興大學民國74年畢業紀念冊》

一

六七十年前，在兩岸的紛亂時局中，有一部分文人、學者選擇奔向台灣，從此定居台島，自然而然的，在此地繼續鑽研學術，發揮所長。如胡適之、傅斯年這些出身高等學府的學者自大有人在，其中也有苦學、自學而有成者，魯實先即其中之一。

魯實先，湖南寧鄉人，一九一三年出生於寧鄉傅家灣。由於家居偏僻之鄉村，其正式學歷只有長沙明德中學、大麓中學。之後，即開始戮力自學，期間曾經在杭州文瀾閣苦讀三年。在廣泛涉獵諸多古籍的情況下，居然獨立寫成《史記會注考證駁議》，文寄同為湖南人之學者楊樹達，立即引起楊樹達之注意，並主動推薦他去復旦大學任教。一位沒有大學學歷者，卻直接進入大學執教，此事頗不尋常。

楊樹達在〈史記會注考證駁議序〉中提及：

> 民國廿四年（一九三五年）春，余旅居北京，寧鄉魯君實先以其所撰《史記會注考證駁議》一文貽余，余讀之，嘆其精博，乃大喜，謂整理史公書者今有其人，余長編雖不就，可以無憾矣。

楊樹達如此大力讚賞的這一位湖南才子來到台灣，先後在台中農學院（後來之中興大學）、東海大學、師範大學（後來之台灣師範大學）等校執教，並出版了多部重要學術著作，也培育了眾多學術界人才。終其一生，魯實先應該可以算是湖南的一位奇才，一顆耀眼的學術明星。

二

　　魯實先，本名佑昌。父魯渭平曾參加北伐之戰，升至少將旅長。戰事之餘，手不釋卷。來台時，魯實先侍奉父親前來，並一直生活在一起。

　　少年時，家中禮聘塾師來家任教，乃因問題特多，塾師窮於回答，遂掛冠求去。九歲能寫艱深文章，當地耆宿大為讚賞。十二歲批讀《荀子》，十五歲考入長沙明德中學（校長是教育家胡子靖(5)），後轉入大麓中學。這是魯實先一生中的正式學歷（其後曾在北京大學旁聽）。但他沒能畢業，蓋因經常頂撞老師，且公開說：「天下沒有壞學生，只有糟老師」，於是被退學。此時魯父十分生氣，魯母卻暗中變賣首飾以購買四史，囑他好好讀書。

　　一九三二年九月，新婚後九日，魯實先即趕往魯父工作地的杭州，經歷兩次寒暑，讀畢文瀾閣舊藏四庫全書的重要書籍；接著又至北平圖書館攻讀，並至北京大學旁聽若干課程，專心一致於讀書問學，在魯實先回憶文字曾敘述：「我在北平（北京）四年，只看過京戲兩次。」

　　一九三七年盧溝橋事變發生，日軍引發戰事，魯父要他返回湖南。魯實先南還之際，經過開封、洛陽、南京等地時，也專注於探訪舊籍及出土文物。

　　魯實先以二十四歲之青年，撰成《史記會注考證駁議》，並寄請清華大學教授楊樹達指教，楊樹達十分讚賞，遂有後來提拔魯實先任教復旦大學之舉（一九四二年）。又，一九四〇年，魯實先將前述論文擴充成十五萬字專書，在長沙湘芬書局出版。

　　魯實先的學術論文引起楊樹達的注意，並推介他去復旦大學任教。一九四二年由復旦大學（當時遷往重慶）文學院吳南軒、中文系主任陳子展聯名邀請到復旦大學中文系執教。但校內教師（尤其是中文系）認為魯實先沒有學歷，不足以擔任大學教師，最多也只能擔任講師；但陳子展認定魯實先的實力，力排眾議，而直接聘為教授。這是大學教育史上罕見的案例。

註　解

(5) 胡元倓（1872-1940），字子靖，號耐盦，湖南湘潭人。光緒二十八年奉派赴日，學於弘文學院速成師範科。感於福澤諭吉之創辦慶應義塾，遂矢志以教育救國、培養人才為己任。參周邦道，《近代教育先進傳略初集》（台北：中國文化大學出版部，1981），頁228-230。

　　一九四六年暑假，魯實先辭去復旦大學教職，回家鄉就任靳江中學校長，並辭退中正大學（在南昌）聘書。在靳江中學大興改革，校風一變。一九四七年秋，赴南昌中正大學執教，併兼任靳江中學校長。一年後辭去中正大學教職，再任靳江中學校長，併兼任民國大學教授（校長為族長魯蕩平）。

　　一九四九年六月，魯實先改任曾氏宗祠所辦之允山女職校長。但因該校先天條件不佳，未能使他發揮長才，該校也於一九五〇年停辦。

　　是年二月，魯實先在沒有告別家人的情況下隻身來到香港，隨後又轉往台灣，重啟他一生中的另一個階段（以上參考魯傳先〈魯實先先生行誼略述〉，一九九二年）。

三

　　在了解魯實先生平之同時，知道了前輩學者楊樹達對於魯實先的提拔經過以後，可以讓人充分感受到文人之可貴的情操與用心。

　　魯實先與楊樹達非親非故，更無師生寅緣。事情之肇始只是魯實先寄出一篇文稿，就引發了一段溫馨的故事。這一段故事，偶然在《積微翁回憶錄》一書中（北京大學出版社出版，「積微翁」即楊樹達）留下清楚的記錄：

　　（一九三七年五月三日）得寧鄉魯實先書，寄示所撰《史記會注考證駁議》，凡二萬餘言。聞見甚博，未易才也……晚訪余季豫，示以魯君文字，季豫亦稱賞之。讓之世兄謂魯曾在史學系旁聽。

　　（一九四〇年七月十五日）寧鄉魯實先書來，寄所撰《史記會注考證駁議》印本來，請作序。書言其新得三事，皆律歷之學。余皆懵無所知，殊足愧也。

　　（一九四〇年十一月八日）魯實先前來書，有欲執弟子禮之語。余遜謝不敢任。今日來書復諄諄言之，詞意懇切。然計余決不足以益彼，不敢任也。

（一九四一年三月二十七日）報載中央研究院楊銓獎金授予者二人：勞榦、王振鐸。名譽獎二人：李霖燦、魯實先。四人中湘人占其二（勞、魯），又皆余之所知，信可喜也。

（一九四一年四月十四日）魯實先來書稱師，自稱私淑生。以〈金乙未元曆朔實考〉一文為贄。余於曆法毫無所解，不足以為魯君師。前已再三遜謝，今復有此，終當謝之耳。（一九四二年七月廿三日）陳子展昨來電請任復旦大學教授，今日覆書辭不能往，介紹魯實先、張舜徽二君。

（一九四二年九月二十日）魯實先書來，云不日赴渝就復旦之聘。

（一九四六年四月廿五日）魯實先由重慶歸里，來談，極言重慶政府之腐敗。實先神采飛揚，談話旁若無人，極為可喜。相與通書十年，今始相見也。

從以上摘錄的楊樹達日記，便可以清晰知曉楊樹達、魯實先兩人書信往來及魯實先向楊樹達問學之經過，也可以充分了解楊樹達愛才並提攜後進之用心。

又，楊樹達之成就，可舉陳寅恪文（〈小學金石論叢續稿序〉）中的一段話最具代表性：

百年來湖湘人士多以功名自見於世，而先生（指楊樹達）設教三十年，寂寞勤苦，著書高數尺，為海內外學術之林所傳誦，不假時會毫毛之助，自致於立言不朽之域，孰得孰失，必有能辨之者。

四

有關魯實先匆促離開家鄉而南走香港之真正原因，截至目前仍無確切史料可證明（或因魯父是國民黨軍人）。

初抵香港時，據云曾淪為工人。

　　一九五一年三月，魯實先「由雷震、魯蕩平請領入境證來台」（根據留存中興大學之人事檔案）。四月就任嘉義中學國文教師，併兼任台灣之「教育部」「特約編纂」。兩年後，應聘至台中之「台灣省立農學院」（中興大學）任教。唯以魯氏之專才，教授大學國文課程，實乃殺雞之用牛刀，英雄無用武之地。但據彼時受教學生回憶，魯實先在講台上鏗鏘有聲而旁若無人；遇有學生不用心聽講，而嚴詞斥責，一派大師風範。

　　省立農學院究竟非久居之地，四年後改任東海大學中文系教授；但因個性剛烈，與同事不睦，不受東海大學歡迎而離職。

　　一九六一年，魯實先自台中前來台北就任師範大學教授，成為他教學生涯中的輝煌時期，以至於體衰而去世。

　　彼時師範大學乃是與台灣大學並列的名校，乃是大學聯考的頂尖大學，學生素質較高，正可以使魯實先揮灑自如。

　　上課前他的口頭禪是：「有人說我魯先生上課，三分之一講課，三分之一罵人，三分之一吹牛皮。講得很對，講得很對，哈哈哈哈……」但上課中向學生問問題，學生不能回答時，便大聲斥責：「一群豬！連這個也不知道！頭腦死板板，又不知道用功。這樣的大學生，如何得了呀！」接著又面帶笑容說：「告訴你們，我從十五歲就說過了，天下沒有不好的士兵，只有壞的將領；沒有不好的學生，只有糟的老師。你們才可憐哪！從小就沒碰到好老師，一群豬教一群豬，怎麼得好呢？告訴你聽，我魯先生就是第一流超超等的老師。好好學喔！好好學喔！哈哈哈哈……」（以上引用邱財貴〈春風座冷——哭魯老師〉）

　　如此風格奇特的大學教授，竟廣為學子尊崇。星期六為社會大眾開設「金文」這種古老枯燥的課程，不僅吸收台北各大學學生前來聽講，社會人士、軍人亦大有人在。一時使台灣的金文相關書籍的出版如雨後春筍般不斷出現。

　　一九七七年十二月，魯實先因腦溢血突發而病逝。師範大學學生在校園內掛滿白色輓聯，成為特殊之一景。一九九〇年，門生共同集資，並推派代表攜往湖南呈給魯實先夫人，以示慰問。凡此種種，可知魯實先教育之成功。

魯實先畢生侍奉父親，親自料理生活，親自侍奉湯藥之孝行，尤能在學術成就以外，留下令人崇敬的記錄。

魯實先之著作以文字學、曆法為重要內容。其著作以單行本在台問世者有：《殷曆譜糾譑》、《殷契類選》、《曆術卮言甲集》、《殷契新詮之六》、《假借遡原》等。(5)

楊樹達在〈史記會注考證駁議序〉中曾讚賞魯實先的《史記》研究功夫「乍現若至可驚，有如雲中天馬，破空而來，不可逼視。及其廣徵博引、枝葉扶疏，又如錢塘江潮，萬頭俱至，究其歸極，則夷然渙然，皆人人意中所欲出也。」

在學者楊樹達眼中，魯實先乃是「雲中天馬」，真不愧為湖南之才子也。

錄自廣州《南方都市報》副刊(6)

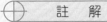
註　解

(5) 其中《曆術卮言甲集》一書初版是民國43年在省立農學院出版，以油印本印行，民國49年又於東海大學出增訂版。參謝鶯興、高于婷，〈魯實先先生著作目錄〉，《東海大學圖書館館訊》，新47期，2005.8，頁35-42。

(6)《南方都市報》，2016年6月25日。本文由作者林景淵先生授權轉載。

國家圖書館出版品預行編目(CIP)資料

興大人物史料彙編. (二) / 蔡宗憲編注. -- 初版.
-- 臺中市 : 國立中興大學校史館, 2022.12
面 ； 公分. -- (興大校史系列叢書)
ISBN 978-626-96453-5-0(平裝)

1.CST: 國立中興大學 2.CST: 人物志 3.CST: 史料

525.833/115   111020838

興大校史系列叢書
興大人物史料彙編（二）

編　　注 / 蔡宗憲

執行編輯 / 陳瑛倫、黃春惠

校　　對 / 蔡宗憲、陳瑛倫、黃春惠

封面設計 / 廖苡雯

美編排版 / 種子多媒體廣告有限公司

發 行 人 / 薛富盛

總 編 輯 / 溫志煜

出 版 者 / 國立中興大學 校史館

地　　址：402台中市南區興大路145號

電　　話：04-2284-0291

傳　　真：04-2287-3454

出版日期 / 2022年12月初版一刷

定　　價 / 新臺幣450元

法律顧問 / 吳光陸律師

ISBN / 978-626-96453-5-0 （平裝）

G P N / 1011102195